Creatividad
y Educación

*Con amor para Marcya,
Andrea y Mikhaild;
esperando que formen parte de
los auténticos triunfadores del
tercer milenio.*

Creatividad y Educación

Técnicas para el desarrollo de capacidades creativas

Marco Hernán Flores Velazco

Creatividad y Educación. Técnicas para el desarrollo de capacidades creativas
© Marco Flores Velazco
Edición original publicada por
© Editorial San Marcos, Lima, Perú.

Diseño y diagramación:
César Rubén Bustamante Padilla

Al cuidado de la edición:
Martha Cupa León

Producción:
Guillermo González Dorantes

© **2004 ALFAOMEGA GRUPO EDITOR, S.A. de C.V.**
Pitágoras 1139, Col. Del Valle, 03100 México, D.F.

Miembro de la Cámara Nacional de la Industria Editorial
Mexicana Registro No. 2317

Internet: **http://www.alfaomega.com.mx**
Correo electrónico: **ventas1@alfaomega.com.mx**

ISBN 970-15-1001-1

Contenido

PRESENTACIÓN 9
INTRODUCCIÓN 11

PARTE 1: CONCEPTOS PREVIOS

CONCEPTO DE CREATIVIDAD EN ORIENTE Y OCCIDENTE 19
    Creatividad en Occidente 19
    Creatividad en Oriente 21
    Actividades de apoyo 24

PARA DETECTAR EL POTENCIAL DE MIS HEMISFERIOS. 25

HOWARD GARDNER: TEORÍA DE LAS INTELIGENCIAS MÚLTIPLES. 35
    La inteligencia lingüística verbal 37
    La inteligencia lógica matemática 38
    La inteligencia rítmica/musical 40
    La inteligencia visual espacial 41
    La inteligencia kinestésica (corporal) 42
    La inteligencia interpersonal 43
    La inteligencia intrapersonal 44
    Actividades de apoyo 46

PARTE 2: CONCEPTO DE CREATIVIDAD Y DESARROLLO DE CAPACIDADES

¿QUÉ ENTENDEMOS POR CREATIVIDAD?. 51
  Enfoque creativo 52
  ¿En qué actividades podemos desarrollar
  nuestra creatividad?. 55
  La creatividad y los hábitos. 57
  Actividades de apoyo. 58

EL LADO CREATIVO DEL ERROR Y DEL AZAR. 59
  El manejo creativo del error y el azar 62
  Actividades de apoyo. 66

DESARROLLO DE LAS CAPACIDADES CREATIVAS 67
  Un ambiente favorable 67
  Instrumentos y técnicas sugeridas. 69
    - Ejercicios de percepción. 70
    - Ejercicios de comparación 71
    - Actividades de clasificación 72
    - Recolección y organización de datos 73
    - El sueño y la fantasía. 74
    - Significados diversos 75
    - Crítica y valoración 76
    - Establecimiento de juicios ligeros 77
    - Elaboración de proyectos. 78
    - Juicio diferido 78
    - Tormenta o lluvia de ideas 79
    - Intensa sensopercepción consciente. 80
    - Cuantiosa verbalización. 81
    - Escritura libre 82
    - Descifrando códigos 83
    - Resolviendo un enigma 84
    - Los seis sombreros. 85
  Actividades de apoyo. 86

PARTE 3: CREATIVIDAD EN EL AULA Y DIAGNÓSTICO

CREATIVIDAD Y APRENDIZAJE SIGNIFICATIVO 91
Etapas en el proceso de aprendizaje 92
Promoción del aprendizaje creativo. 94
¿Cómo elaborar nuestra estrategia?. 97
Actividades de apoyo 101

CREATIVIDAD EN LOS CONTENIDOS 103
Actividades de apoyo 108

HACIA UN PERFIL DEL DOCENTE CREATIVO 109
Actividades de apoyo 112

SER UN PROFESOR MEJOR Y MÁS CREATIVO 115
Algunos principios fundamentales 117
Precalentamiento 117
La amenaza de la evaluación 118
Invitación a la regresión 118
Actividades de apoyo. 120

CREATIVIDAD EN EL USO DE MATERIALES. 121
La pizarra 122
Láminas, carteles 123
Proyector de transparencias. 124
Textos, libros. 124
Cintas de sonido y video. 125
Actividades de apoyo 127

ESTÍMULOS Y TRABAS PARA EL DESARROLLO
DE LA CREATIVIDAD 129
Agentes desfavorables. 129
Frases suicidas 129
Frases asesinas. 130

Factores psicológicos o internos 131
Factores sociales o externos 132
Agentes favorables 133
Actividades de apoyo 134

¿CÓMO DIAGNOSTICAR LA CREATIVIDAD? 135
El test de consecuencias 136
Actividades de apoyo 140

PARTE 4: REFLEXIONES, TALLERES Y ANEXOS

TALLER DE CREATIVIDAD PARA EDUCADORES 143
Estructura general 143
Actividades de apoyo 151

EDWARD DE BONO: EL PENSAMIENTO LATERAL 153
¿Qué es pensamiento lateral (Penslat)? 153
Los principios del Penslat 155
Postulados fundamentales del Penslat 157
Las técnicas del Penslat 162
Entrenamiento en el Penslat 169
Actividades de apoyo 170

REFLEXIÓN: "CURRÍCULO Y CREATIVIDAD" 171

BIBLIOGRAFÍA 181

Presentación

El presente trabajo pretende acercar al lector a los conceptos fundamentales, así como a las técnicas que tienen que ver con la creatividad y el desarrollo de las capacidades creativas. Por lo general, cuando se habla de creatividad se enfoca el punto de vista de la productividad. En una escuela o en una empresa, siempre se ve a la creatividad como la posibilidad de mejorar la producción de ideas, juguetes, un producto nuevo en el mercado o una propaganda para televisión.

Cada vez que tengo la posibilidad de trabajar con docentes percibo el mismo interés: cómo lograr que los niños escriban y trabajen mejor, sean creativos (en el sentido de ser capaces de producir cosas originales). Lo mismo encontramos en muchos libros dedicados a la creatividad. Siempre producir, rendir más y mejor.

No obstante, ese no es el aspecto fundamental del hecho creativo, existe otro que pocas veces se considera. Para comprenderlo debemos poner el acento en el ser y no tanto en lo que éste crea.

Enriquecer la imaginación y proporcionar herramientas para la creatividad va mucho más allá de producir más y mejor, cualquiera que sea el campo de desarrollo. Es algo que responde al deseo de libertad y al impulso innato de desarrollar sus potencialidades con la mayor plenitud posible.

Entonces, fomentar el desarrollo de la imaginación y la creatividad no es un lujo, ni siquiera al lado de temas como alimentación y salud; porque incluso la manera como se enfrentan, o desatienden esos temas, depende del potencial creativo que desarrollemos.

Ser más creativo no es importante porque se pueda producir más y mejor, sino porque forma parte del derecho que tiene toda persona, y del deber de toda comunidad, respecto de sus integrantes, de brindar las condiciones que faciliten ese desarrollo y evitar todo aquello que lo incomoda.

No podría concluir las primeras líneas de este libro sin agradecer a mi amigo y colega el profesor Alfonso Rojas Puémape quien desde hace algunos años me da la oportunidad de servir a la educación nacional desde un punto de vista diferente; así mismo al señor Aníbal Paredes Galván, quien me ofreció la oportunidad de hacer realidad la presente publicación.

Finalmente parafraseando a Gianni Rodari, espero: "... que estas páginas sean útiles a quien cree en la necesidad de que la creatividad ocupe un lugar en la educación; a quien tiene confianza en la creatividad infantil... No para que todos sean artistas, sino para que nadie sea esclavo."

El autor

Introducción

"La creatividad es más importante
que el conocimiento".
A. EINSTEIN

El ser humano empieza a desarrollar sus capacidades creativas a partir del momento en que es concebido por la creación; debido al potencial de estas capacidades, ha sido posible todo el proceso de civilización del cual somos favorecidos.

La creatividad, como elemento innato en el ser humano, ha hecho que, a pesar de su inferioridad en volumen y fuerza, logre dominar el medio ambiente en las diversas etapas de la historia. Ante tan evidente muestra de superioridad respecto de los demás seres vivos, es importante recordar el enorme potencial con el que todos nosotros contamos, independientemente de nuestras posibilidades congénitas y la sociedad en la que nos desarrollamos.

Es importante recordar el enorme potencial con que todos nosotros contamos.

La actual es una época de grandes y profundos cambios en todos los niveles de la educación y la cultura, en los valores y las ideas. Los seres humanos en todos los ámbitos, precisan estimular fuertemente su creatividad para visualizar, inventar y generar cambios de paradigmas. Sólo de esta manera estarán en la posibilidad de entender su propio contexto y así adelantarse al futuro.

Cuando se trata de creatividad, suele aparecer una serie de técnicas que, se asegura, nos transformarán en personas creativas; sin embargo, es importante aclarar los siguientes aspectos:

Previamente se debe lograr un alto desarrollo de la autoestima en el estudiante.

- Cualquier técnica pedagógica o psicológica para desarrollar las capacidades creativas, no funcionará si previamente no se ha logrado un alto desarrollo de la autoestima de los estudiantes.

- Todas las técnicas a desarrollar tendrán éxito si de manera directa o indirecta, invitan a desarrollar la capacidad de pensar y reflexionar.

Si se trabaja considerando lo anterior, toda propuesta que implique el desarrollo de las capacidades creativas será muy bien asimilada por nuestros alumnos.

¿Por qué desarrollar nuestra creatividad?

La creatividad es esencial por varios motivos y para diversas pretensiones:

- Inventar soluciones nuevas a problemas viejos, imposibles de resolver.

- Producir conocimientos, instrumentos y procedimientos nuevos. "La creatividad es más importante que el conocimiento". Einstein.

- Anticipar el futuro: como un traje a nuestra medida antes de que desagradablemente se nos imponga.

- Promover una innovación y actualización continuas, en las instituciones educativas, evitando quedar anticuados o desfasados ante la competencia.

Incrementar el potencial inventivo y creativo colectivo de todos en la medida de sus posibilidades y en cada organización social. De la escuela a la empresa es la mejor inversión cultural y productiva, social y científica.

La creatividad no es un mito, ni una moda pasajera como señaló un sector de la Real Academia de la Lengua Francesa hace un cuarto de siglo, cuando se resistía a aceptar en el Diccionario la palabra *creativité* porque les parecía una novedad intrascendente y sin futuro. El término, en todas las lenguas, se ha difundido, impuesto y convertido en bandera de la que nadie se atreve a desertar y que todos demandan.

La creatividad no es un mito, ni una moda pasajera; es una necesidad para los seres humanos del siglo XXI.

La labor científica de investigar la creatividad, sus criterios, rasgos e indicadores, descubrir los talentos innovadores, que en varios niveles y modalidades se encuentran en todos nosotros, ingeniar estrategias, técnicas, métodos y procedimientos, elaborar materiales didácticos y hacer que nuestras enseñanzas hagan aflorar capacidades creadoras, es el signo de los tiempos, al que no podemos renunciar ni defraudar.

De las dos finalidades que se propone el sistema educativo: conservar la cultura del pasado y abrir nuevas vías para el porvenir, esta segunda es la que tiene un acento de modernidad indudable, la que demanda un mundo en aceleración creciente, donde lo único que sabemos es que los cambios superarán todas las previsiones, que la capacidad para enfrentarse a situaciones imprevistas será la más solicitada y que los educadores hemos de forjar con vehemencia.

La creatividad, un bien carente y restringido

Según las investigaciones, sólo los genios explotan y aplican los componentes básicos de la creatividad.

Según las investigaciones, sólo los genios, los talentos creativos y los superdotados, explotan y aplican los componentes básicos de la creatividad, mas no en su totalidad sino en la faceta específica de su trabajo: pocos como Leonardo da Vinci fueron simultáneamente poetas, pintores, inventores e investigadores.

Los mortales comunes nos distinguimos por una serie de rasgos de socialización opuestos a la creatividad, que la quebrantan y aniquilan; enunciamos a continuación algunos de ellos:

- La repetición rutinaria y automática sin pensar.
- La reproducción e imitación de modelos en los procesos de enseñanza-aprendizaje.
- La copia y reiteración de ideas, definiciones y teorías en la enseñanza.
- La imposición jerárquica, autoritaria o paternalista, de normas y criterios rígidos para pen-

sar y actuar, por parte de los padres, profesores, la escuela y la empresa, que inhiben la iniciativa propia.

- Las experiencias gratificantes del pasado, que impulsan hacia la réplica cómoda de uno mismo en cada acto que manejamos cada día, debido a nuestro inconsciente colectivo.

Por ello es absolutamente necesario un plan sistemático de reeducación y entrenamiento de todas las facetas de la creatividad, mediante un conjunto extenso de técnicas y procedimientos de comprensión y ejercitación de la misma dentro de un clima de libre pensamiento y expresión total.

Es preciso recuperar la creatividad de cada ser humano. Esta es una labor lenta y laboriosa: requiere esfuerzo y dedicación duraderos, reflexión y autoanálisis continuos; muchas horas de formación, para superar las infinitas horas de restricción e inhabilitación del ser original y auténtico de la persona: ser creativo, lúdico, expresivo y experimentador.

Recuperar la creatividad de cada ser humano es una labor lenta y laboriosa: requiere esfuerzo y dedicación.

Parte 1
CONCEPTOS
PREVIOS
AL TEMA

Decimos que las personas se comportan de manera inteligente cuando eligen cursos de acción que son relevantes para lograr sus metas, cuando responden apropiada y coherentemente a cuestiones que se les plantean, cuando resuelven problemas de mayor o menor dificultad o cuando crean o diseñan algo útil, bueno o nuevo.

Simón & Kaplan

Concepto de creatividad en Oriente y Occidente

"Sorprenderse, extrañarse... es comenzar a entender."

J. ORTEGA Y GASSET

Para entender el concepto de creatividad y en especial las dificultades que ésta manifiesta para insertarse en la cultura de nuestra sociedad, es necesario revisar los enfoques en las diferentes culturas a través de la historia.

Creatividad en Occidente

El mundo occidental desde sus inicios ha entendido la creatividad como un mito. En la cultura griega era inherente a sus diversos dioses, los cuales aún presentaban características humanas; pero luego con la extraordinaria influencia de la religión católica, el concepto de creatividad se aleja del hombre, pues el creador del universo es Dios.

El mundo occidental desde sus inicios ha entendido la creatividad como un mito.

A medida que se desarrollaban las sociedades occidentales, se iban reconociendo características de creatividad sólo a los artistas, lo que suponía un alto coeficiente intelectual, además de un talento sin igual. En otros casos estas características se relacionaban con estados anormales de neurosis; es decir, *sólo crean los locos.*

Sigmund Freud planteó la tesis de que la neurosis es un elemento esencial para la creatividad; y años después el psicólogo *Cubi* comprobó que por el contrario, la neurosis aguda interfiere en los procesos creativos.

En 1950, cuando los soviéticos lanzan su primer satélite al espacio, los estadounidenses perciben que su sistema educativo tiene grandes problemas; entonces deciden invertir en el desarrollo de las capacidades creativas.

El hombre posee dentro de sí el germen de su propio desarrollo.

Aparecen diversas corrientes filosóficas que creen en el potencial humano: los llamados *humanistas* afirman que *el hombre posee dentro de sí el germen de su propio desarrollo, y que es fundamentalmente bueno y positivo.* Se habla acerca de procesos de aprendizaje y surgen teorías como la gestalt, cuya tesis es que el ser humano aprende a partir de su desarrollo perceptual.

A todo esto se suman las investigaciones de Edward de Bono que se refieren a un tipo de «pensamiento lateral» en el que se incluye la creatividad; este tipo de pensamiento no es "natural", para producirlo son indispensables la concentración y el entrenamiento.

Por lo general las técnicas desarrolladas se apoyan en el trabajo individual (desarrollo personal para resolver problemas) o en equipos, en ambos casos bajo ciertos estímulos o presiones, dirigidos fundamentalmente con características empresariales (mercadotecnia).

El desarrollo de la creatividad occidental se puede ilustrar de la siguiente manera (note la dirección del desarrollo personal):

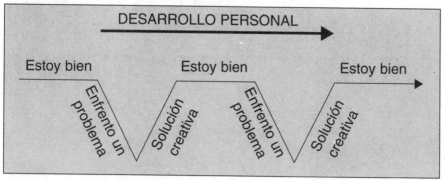

Creatividad en Oriente

La cultura oriental se relaciona desde tiempos remotos con un estado (kairos) creativo personal, un estado al que todos tienen acceso y en el cual se encuentra la "energía vital". Esta energía, en cada cultura tiene diversos nombres: por ejemplo para los hindúes es el *prana*, el *ka* entre los egipcios, entre los chinos el *chi*, etcétera.

Para generar el desarrollo de dichas capacidades, el mundo oriental fomenta técnicas tales como el *yoga*, el *Tai-chi*, la meditación (las que se conocen en Occidente después de la Segunda Guerra Mundial) y actividades como la jardinería, los cuentos y el humor. Éstas intentan lograr un estado de ánimo relajado y sereno en el cual se pierde la noción del tiempo y del espacio para llegar a la «fuente misma de la creatividad»

Para generar el desarrollo de capacidades, el mundo oriental fomenta técnicas tales como el yoga.

(Maharishi M. Y., *Transcendental Meditation*, Nueva York, 1968). Por ejemplo los taoístas creen en una armonía entre el ritmo del cosmos y el ritmo del ser, como recurso para lograr un equilibrio en la salud mental.

Gráficamente, el enfoque oriental se puede representar de la siguiente manera:

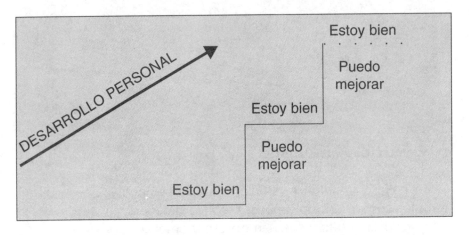

Comparemos ambos puntos de vista:

LOS OCCIDENTALES SOSTIENEN	LOS ORIENTALES SOSTIENEN
Bajo determinado grado de tensión es que se genera la creatividad; sólo a partir de una dificultad. Es un estado de ánimo inquieto de tipo explosivo e instantáneo y necesita energía y movimiento para generar el potencial creativo y la producción de ideas.	Es un estado de ánimo sereno, tranquilo, de silencio, de una mente observadora y atenta, capaz de aislar por momentos las dificultades y preocupaciones cotidianas para entrar en lo profundo del ser y desde ahí surgir con todo el potencial y la limpieza que necesita este contacto con la creación.

Es importante mencionar que ambos enfoques tienen relación directa con las capacidades de los hemisferios cerebrales.

Cada uno de los hemisferios de nuestro cerebro enfoca los diferentes acontecimientos reales según las siguientes características:

Cuadro comparativo de desempeños de cada uno de los hemisferios del cerebro humano

EL HEMISFERIO IZQUIERDO	EL HEMISFERIO DERECHO
Concreto. Enfoca las situaciones de la vida real de un modo preciso, determinado y sin vaguedad. **Lógico.** Estructura de forma secuencial ordenada, los sucesos que tienen antecedentes científicos que los justifican. **Analítico.** Indaga los pequeños detalles, busca la causa y estudia el efecto. Divide el todo en partes para su estudio. **Digital.** Emite resultados sobre la base de información coherente que procesa previamente. **Verbal.** Domina la sintaxis y la gramática. Su funcionamiento es veloz.	**Espacial.** Procesa de manera simultánea la información, estructura la realidad de manera global. **Atemporal.** Su actividad no está en función de tiempos establecidos. **No verbal.** La sintaxis está limitada a frases que forman un todo (poemas, canciones, etc.), se comunica a través de sentimientos e imágenes. **Perceptivo.** Recibe a través de los sentidos imágenes, impresiones y sensaciones, las cuales comprende. **Intuitivo.** Percibe de manera instantánea e íntima una idea o verdad. Comprende las cosas sin razonamiento. Tiene un funcionamiento más lento.

En Occidente se da prioridad a las posibilidades que nos ofrece el hemisferio izquierdo.

Es evidente que en el mundo occidental hemos dado prioridad a las posibilidades que nos ofrece el hemisferio izquierdo; mientras que en Oriente se valoran las habilidades del hemisferio derecho.

En la actualidad, la tendencia que corresponde seguir en cuanto al desarrollo de las habilidades creadoras de la persona está centrada en el desarrollo equilibrado de ambos hemisferios cerebrales.

Actividades de apoyo

- *Reflexionemos*: a través de todas las actividades que desarrollo en un día cualquiera, ¿cuáles son fuertemente influenciadas por el hemisferio derecho del cerebro? ¿Cuáles son influenciadas por el hemisferio izquierdo?

- *Grupo de discusión*: conversemos acerca de las características de los enfoques occidental y oriental de la creatividad, plantear ejemplos de la vida cotidiana. ¿Conocemos personas con algunas características orientales?, describe su personalidad.

- *Propuesta*: en grupos decidamos una o varias estrategias pedagógicas que inviten al desarrollo personal según el enfoque oriental (estoy bien, puedo estar mejor, estoy bien,…). Sugerencia: simularlas entre los creadores de las mismas.

Para detectar el potencial de mis hemisferios

"Descubre tu potencial y desarróllalo con pasión".
MIGUEL A. CORNEJO

El siguiente es un ejercicio para detectar las habilidades de los hemisferios cerebrales, en relación con el tipo de personalidad; fue elaborado por el *Institute of Advanced Thinking*, de Pasadena, California.

Instrucciones:

En cada una de las ternas de consulta que se presentan a continuación, marca la respuesta que te describe mejor:

Maestro es el que forja la voluntad que hace que surja la obra maestra que existe en cada uno de sus alumnos.

1. a) Regularmente aprendo o recuerdo las cosas que en forma específica he estudiado.
   b) Buena memoria para detalles y hechos del medio no estudiados en forma específica.
   c) No noto diferencia en mis habilidades en estas áreas.

2. a) Me gusta y prefiero leer historias fantásticas.
   b) Me gusta y prefiero leer sobre hechos reales.
   c) No tengo una preferencia en particular.

3. a) Me divierte igual «soñar» que planificar de manera realista.
   b) Me divierte más soñar.
   c) Me divierte más planificar de manera realista.

4. a) Escucho música o radio mientras leo o estudio.
   b) Necesito silencio para leer o estudiar.
   c) Oigo música sólo si leo por placer, no para estudiar.

5. a) Me gustaría escribir libros de ciencia ficción.
   b) Me gustaría escribir, pero no acerca de ciencia ficción.
   c) No tengo una preferencia entre los dos.

6. a) Si buscara orientación psicológica, preferiría estar con un grupo y compartir mis sentimientos con otros.
   b) Preferiría la intimidad de la orientación individual.
   c) No tengo una preferencia en particular.

Maestro es el que siembra ambiciones superiores, éticas y de progreso.

7. a) Me gustaría dibujar mis propias imágenes e ideas.
   b) Me gustaría copiar diseños y perfeccionar hasta el último detalle.
   c) Me gustan los dos por igual.

8. a) Creo que podría ser fácilmente hipnotizado.
   b) Probablemente podría ser hipnotizado, pero sería con dificultad.
   c) No creo que pueda ser hipnotizado.

9. a) No tengo preferencias entre historias de misterio o de acción.

b) Prefiero historias de acción.
c) Prefiero historias de misterio.

10. a) No tengo preferencia entre álgebra y geo-
    metría.
    b) Prefiero álgebra.
    c) Prefiero geometría.

11. a) Me gusta ordenar las cosas en secuencia.
    b) Me gusta ordenar las cosas por relaciones.
    c) No tengo preferencias.

12. a) Soy bueno recordando material verbal.
    b) Soy bueno recordando tonos y sonidos
    musicales.
    c) Soy igualmente bueno en los dos.

13. a) Encuentro fácilmente los límites de tiempo
    en mis actividades personales.
    b) Dedico mucho tiempo a organizar mis ac-
    tividades y mi persona.
    c) Tengo dificultad para organizar mis acti-
    vidades personales.

Maestro es el que forja voluntades de triunfadores y optimismo de lograr la cumbre a pesar de las adversidades.

14. a) Tengo cambios frecuentes en mi estado de
    ánimo.
    b) Tengo pocos cambios en mi estado de áni-
    mo.
    c) Soy bastante estable en mis estados de
    ánimo.

15. a) Tengo habilidad para comunicarme con
    los animales.
    b) Soy más o menos bueno para comunicar-
    me con los animales.

c) No soy bueno para comunicarme con los animales.

16. a) No tengo preferencia entre gatos o perros.
b) Prefiero los gatos.
c) Me gustan más los perros.

17. a) Me divierte payasear.
b) Puedo payasear o, también, comportarme seriamente, de acuerdo con la ocasión.
c) No me gusta payasear.

18. a) Con frecuencia me disperso mentalmente.
b) A veces me disperso mentalmente.
c) Casi nunca me disperso mentalmente.

Maestro es quien ha encontrado en la enseñanza su auténtica vocación y goza con la realización de sus alumnos.

19. a) Cuando veo anuncios me atraen e influyen más en mí los signos o símbolos, en especial si son sensuales o de escenas placenteras.
b) Me siento más influido por la información de los anuncios, la comparación entre varios productos para ver cuál es mejor, etcétera.
c) Sólo influyen en mí los anuncios acompañados de información acerca de la calidad del producto.

20. a) No tengo preferencia frente a una demostración o a instrucciones verbales o escritas.
b) Prefiero una demostración.
c) Prefiero instrucciones verbales o escritas.

21. a) Para mí es de igual valor discutir sobre historias que poder ilustrarlas.
b) Prefiero discutir historias (leer).

c) Prefiero ilustrarlas (o leer historias ilustradas).

22. a) Para mí es de igual valor contar historias que actuarlas.
    b) Prefiero contar historias (cuentos o chistes).
    c) Prefiero actuar historias (cuentos o chistes).

23. a) Moverme rítmica o armoniosamente me es igual de placentero.
    b) Moverme rítmicamente es más divertido.
    c) Moverme sólo por moverme (armoniosamente) es más divertido.

24. a) Me gustaría poder bailar improvisando.
    b) Me gustaría poder bailar ballet clásico.
    c) No tengo una preferencia en particular.

25. a) Me gustaría interactuar afectivamente con los demás.
    b) Me gustaría interpretar el comportamiento afectivo de los demás.
    c) Me gustan las dos cosas por igual.

Maestro es quien enseña con su ejemplo, señalando la ruta a seguir para lograr la plena realización.

26. a) Pienso mejor si estoy acostado.
    b) Pienso mejor si estoy bien sentado.
    c) No tengo una preferencia entre ambos.

27. a) Me gustaría ser crítico musical.
    b) Me gustaría ser compositor.
    c) Disfrutaría igualmente de las dos actividades.

28. a) Soy hábil para predecir resultados intuitivamente.
    b) Soy hábil para predecir resultados estadísticamente.

c) Soy hábil en las dos formas.

29. a) Generalmente atiendo a las explicaciones verbales.
    b) Generalmente me aburren o me inquietan las explicaciones verbales.
    c) Puedo controlar a voluntad mi atención durante las explicaciones verbales.

30. a) Disfruto al analizar textos.
    b) Disfruto al inventar textos.
    c) Disfruto con ambas actividades.

31. a) Me muestro conforme o inconforme según la situación.
    b) La mayoría de las veces me muestro conforme.
    c) La mayoría de las veces me muestro inconforme.

32. a) No tengo preferencia por materias muy bien estructuradas, o fluidas y abiertas.
    b) Prefiero materias más fluidas y abiertas.
    c) Prefiero aprender a partir de explorar libremente.

Maestro es aquel que da sentido positivo y aprendizaje a todas las adversidades.

33. a) Prefiero aprender a partir de explorar libremente.
    b) Prefiero aprender estudiando sistemática y ordenadamente.
    c) No tengo una preferencia en particular.

34. a) Soy hábil para registrar material verbal (nombres, fechas, etcétera).
    b) Soy hábil para registrar imágenes y espacios.

c) Soy hábil en ambos.

35. a) Leo para encontrar ideas centrales.
    b) Leo para encontrar datos específicos y detalles de hechos.
    c) Leo para ambas.

36. a) Soy hábil en secuenciar ideas.
    b) Soy hábil para encontrar las relaciones entre ideas.
    c) Soy hábil en ambas.

37. a) No tengo preferencias por subrayar o sintetizar mis lecturas.
    b) Prefiero subrayar.
    c) Prefiero sintetizar.

38. a) Producir ideas y elaborar conclusiones es igualmente placentero.
    b) Elaborar conclusiones es más divertido.
    c) Producir ideas es más divertido.

Maestro es aquel que en cada jornada de trabajo, lanza el corazón y enseña con tal pasión como no lo ha hecho nunca.

39. a) Resolver problemas lógicamente y de forma racional.
    b) Resolver problemas intuitivamente.
    c) Soy hábil en ambas.

40. a) Es igual de estimulante mejorar algo que producir algo nuevo.
    b) Es más estimulante mejorar algo.
    c) Es más estimulante inventar algo.

Calificación

Transfiere tus respuestas a), b), y c) a la *Tabla de registro*; las respuestas a) corresponden a la primera línea de cada columna, las b) a la segunda, y las c), a la tercera.

Si, por ejemplo, en la pregunta 1 seleccionas a), encierra en un círculo la letra Z que corresponde al hemisferio cerebral *izquierdo*. Si seleccionaste b), encierra la letra D, que corresponde al hemisferio cerebral *derecho*; y si seleccionaste c), encierra la I, que quiere decir *integrado*, y así sucesivamente.

Al terminar, usa la *Tabla de conversión* para obtener tu resultado final. Por ejemplo, si tuviste 10 Z te corresponde una puntuación de 92 puntos en las habilidades de tu hemisferio izquierdo. Haz lo mismo con las tres letras. Tu habilidad predominante se determina por la puntuación más alta (la que excede de 120 puntos). Si tu puntuación es menor de 120 puntos en las tres categorías, tus tendencias son mixtas.

TABLA DE REGISTRO

	a	b	c		a	b	c		a	b	c		a	b	c
1	Z	D	I	2	D	Z	I	3	I	D	Z	4	D	Z	I
5	D	Z	I	6	D	Z	I	7	D	Z	I	8	D	I	Z
9	I	Z	D	10	I	Z	D	11	Z	D	I	12	Z	D	I
13	I	Z	D	14	D	I	Z	15	D	I	Z	16	I	D	Z
17	D	I	Z	18	D	I	Z	19	D	Z	I	20	I	D	Z
21	I	Z	D	22	I	Z	D	23	I	D	Z	24	D	Z	I
25	D	Z	I	26	D	Z	I	27	Z	D	I	28	D	Z	I
29	Z	D	I	30	Z	D	I	31	I	Z	D	32	I	Z	D
33	D	Z	I	34	Z	D	I	35	D	Z	I	36	Z	D	I
37	I	Z	D	38	I	Z	D	39	Z	D	I	40	I	Z	D

TABLAS DE CONVERSIÓN

	Z	I	D		Z	I	D
0	50	39	51	16	118	99	117
1	55	43	55	17	122	103	121
2	59	46	59	18	126	106	125
3	63	50	63	19	130	110	129
4	67	54	68	20	134	114	133
5	71	58	72	21	139	118	137
6	76	61	76	22	143	121	141
7	80	65	80	23	147	125	146
8	84	69	84	24	151	129	150
9	88	73	88	25	155	133	154
10	92	76	92	26	160	136	158
11	97	80	96	27	164	140	162
12	101	84	100	28	168	144	166
13	105	88	105	29	172	148	170
14	109	91	109	30	176	151	174
15	113	95	113	31	181	155	178

Actividades de apoyo

* *Trabajo en grupo*: hacer un análisis de los resultados que se obtienen en un grupo de estudiantes y establecer la relación entre las actividades de enseñanza-aprendizaje que se desarrolla con ellos.

* *Autoevaluación*: luego de contestar los diversos ítems del test, reflexiona sobre las actitudes y características de nuestra personalidad que nos inclinan a los resultados obtenidos.

Howard Gardner: Teoría de las inteligencias múltiples

"El cerebro humano funciona mejor cuando
dejamos que nuestras ideas fluyan
libremente antes de intentar organizarlas."
MICHAEL J. GELB

El cerebro humano pesa un kilo trescientos gramos y es una masa de tejido gris-rosáceo; según investigaciones recientes está compuesto por unos 100 000 millones de células nerviosas, conectadas unas con otras y responsables del control de todas las funciones mentales.

En los años cincuenta, se calculó por estudios psicológicos que la persona media utilizaba un cincuenta por ciento de su capacidad cerebral. En los sesenta y setenta, la estimación se redujo a un diez por ciento. En los años ochenta, bajó hasta un uno por ciento y en la actualidad el cálculo más optimista se sitúa en torno al 0.01 por ciento o menos.

Actualmente se considera que el ser humano utiliza menos del 0.01 por ciento de su capacidad mental.

Pero ¿cómo usamos nosotros realmente nuestra capacidad mental para aprender? ¿Por qué la mayoría de nosotros usa únicamente una fracción minúscula de su potencialidad?, y ¿qué es la inteligencia?

Howard Gardner afirma que hay por lo menos siete tipos diferentes de inteligencia humana, este concepto ha inspirado nuevas maneras de enseñar, pues los procedimientos pedagógicos y los contenidos a desarrollar se estructuran de acuerdo con ellos. Estas inteligencias son:

- la inteligencia lingüística verbal
- la inteligencia lógica matemática
- la inteligencia rítmica/musical
- la inteligencia visual espacial
- la inteligencia kinestésica (corporal)
- la inteligencia interpersonal
- la inteligencia intrapersonal

Recientemente, otra inteligencia se ha identificado: inteligencia naturalista: basada en la teoría de Charles Darwin, que permite al ser humano desempeñarse de modo adaptativo en el ambiente en que vive de manera que cada generación posterior incluye genéticamente capacidades nuevas o mejoradas para su subsistencia; en este nivel de inteligencia se incluye el concepto de conservación de su medio ambiente.

Gardner propone que todas las personas poseen todas las inteligencias en grados variados, los cuales ayudan a determinar cómo aprenden y consecuentemente cómo se desempeñarán en el trabajo. Además, estas inteligencias pueden afinarse a través del esfuerzo permanente, o en caso contrario, se perderán con la falta de uso.

La inteligencia lingüística verbal

Las capacidades involucran:

- La comprensión de orden y significado de las palabras.
- Capacidad de convencimiento hacia la realización de determinada acción.
- Capacidad de explicar y enseñar aprendiendo.
- Sentido del humor.
- La memoria y recuerdo.
- Análisis meta-lingüístico.

Las características habituales generales son:

1. Cuando tengo conflictos, puedo escribir acerca de ellos.
2. Me preocupo por encontrar el término adecuado.
3. Me gusta hablar acerca de lo que leo o veo.
4. Si no estoy hablando o leyendo, me encuentro inquieto.
5. Me gusta que me pregunten oralmente.
6. Tengo tendencia a manejar otros idiomas.
7. Busco enriquecer mi vocabulario y mi forma de expresión.
8. Me gusta hablar en público.
9. Me intereso por leer o escribir diariamente por lo menos durante 30 minutos.
10. Al escuchar una canción, lo que más me llama la atención es la letra.
11. En una reunión disfruto mucho cuando me escuchan.
12. Puedo hablar mucho acerca de un tema sin conocerlo a fondo.

¿Acostumbras hacer un análisis exhaustivo en tus lecturas?, ¿haces apuntes de ellos?

13. Disfruto llevando un diario de mis actividades para que no se me olvide nada.
14. Cuando estoy en una reunión sobresalgo porque mucha gente se acerca a escucharme; me encanta comunicar mis experiencias.
15. Siempre me encargan los discursos de bienvenida o despedida en las actividades escolares.
16. Cuando alguien me cuenta una historia, puedo reproducirla por escrito con mis palabras y mejorarla.
17. Me gustaría discutir con mis amigos acerca de aquellos libros que he leído, tanto si ya los han leído o no.
18. Si tuviera que participar en una fiesta de fin de curso, me gustaría pronunciar el discurso de despedida.
19. Si quiero saber algo sobre un tema nuevo, recurro a los libros.
20. Cuando tengo un problema, pienso que la mejor forma de solucionarlo es hablando.

¿Te encargan los discursos de bienvenida o despedida en las actividades sociales?

La inteligencia lógica matemática

Las capacidades involucran:

- El reconocimiento abstracto de modelos.
- El razonamiento inductivo.
- El razonamiento deductivo.
- Comprender relaciones y articulaciones.
- Desempeñar cálculos complejos.
- El razonamiento científico.

Entre las principales conductas tenemos:

1. Me gustaría planificar mis actividades.
2. Cuando me propongo algo lo termino. No soporto cambiar y tampoco las interrupciones.
3. Puedo resolver problemas sin gran angustia.
4. Tiendo a organizar datos en una estructura lógica.
5. Odio la inexactitud y la improvisación.
6. Puedo prever las consecuencias de un hecho o evento.
7. Me desespero fácilmente cuando las cosas no salen conforme lo planeado.
8. Antes de entablar una amistad, la analizo; sopeso los riesgos y valoro sus cualidades y deficiencias.
9. Cuando quiero explicar con claridad una cosa, hago un cuadro significativo.
10. Me altera una persona poco organizada.
11. Siempre hago los logotipos de las distintas actividades, se me ocurren rápidamente.
12. Siempre llego puntual a mi trabajo porque sé la distancia que tengo que recorrer, teniendo en cuenta el tráfico de la ciudad.
13. Cuando voy de campamento llevo todas las herramientas necesarias para solucionar cualquier problema imprevisto.
14. Siempre soy el primero en resolver los problemas matemáticos.
15. Si estoy en un teatro, inmediatamente cuento cuántas butacas hay, y veo cuán lleno está.
16. Antes de decidirme por cualquier proyecto, evalúo detenidamente los pros y los contras.
17. A mí, como mejor se me convence, es con razones.

¿Planificas con antelación todas tus actividades para no encontrarte con tropiezos?

La inteligencia rítmica/musical

Las capacidades involucran:

- Apreciación de las estructuras de música.
- Trabajo y planificación intelectual oyendo música.
- La sensibilidad a sonidos.
- Reconocimiento, reproducción y creación de melodías y ritmos.

Los principales hábitos respecto de este tipo de inteligencia son:

1. Según el día que haya tenido, escojo la estación de radio.
2. Me parece buena inversión asistir a conciertos.
3. Considero apasionante la vida de Bach.
4. Creo en que la realidad de la vida se puede interpretar con música.
5. Me identifico con las personas que tocan algún instrumento musical.
6. Cuando voy al campo me place escuchar la armonía de la naturaleza.
7. Me basta escuchar una sola vez una melodía para poder interpretarla en mi guitarra.
8. No sé por qué dicen que hablo cantando.
9. Cuando estoy bajo la ducha, tarareo la canción de moda.
10. Disfruto mucho de la música coral.
11. Invento canciones para expresar lo que siento.
12. Reconozco la música de las películas.

¿Observas la distribución armónica de los objetos que aprecias?

La inteligencia visual espacial

Las capacidades involucran.

- Imaginación activa.
- Formación mental de imágenes.
- Buscar formas en el espacio.
- Manipular imágenes.
- Representar gráficamente.
- Reconocer relaciones de objetos en el espacio.
- Percepción precisa desde ángulos diferentes.

Algunos hábitos y actitudes son:

1. Generalmente nunca me pierdo. Conozco la ciudad como si hubiera vivido en ella.
2. Observo el equilibrio, la textura, la sombra, el manejo de la luz, los contrastes.
3. Mis trabajos de impresión tienen excelente presentación.
4. Tengo facilidad para explicar algo utilizando bocetos.
5. Al comprar un libro, me llama la atención la portada.
6. En una fotografía considero muy importantes la perspectiva y el enfoque.
7. Prefiero trabajar en lugares iluminados naturalmente.
8. Creo que todo cabe en un jarrito, sabiéndolo acomodar.
9. Soy una persona muy orientada: de hecho, soy guía de grupos de excursiones.

La inteligencia kinestésica (corporal)

Las capacidades involucran:
- Control "voluntario" de movimientos.
- Control "preprogramado" de movimientos.
- Amplio conocimiento del cuerpo.
- Conexión entre el cuerpo y la mente.
- Habilidad mimética.
- Mejor funcionamiento del cuerpo.

Las conductas, actitudes y hábitos más importantes son:

1. Me cuesta mucho permanecer quieto en un lugar porque necesito moverme.
2. Me gusta bailar.
3. Me expreso con ademanes.
4. Estoy convencido de que un gesto vale más que mis palabras.
5. Gozo las clases activas y participativas en las que pongo en juego todos mis sentidos.
6. Me gustaría ser campeón de un deporte.
7. Para conocer las montañas me gusta escalarlas.
8. Siempre llevo el ritmo al caminar.
9. Utilizo mucho mi cuerpo para expresarme.
10. Disfruto siendo maestro de expresión corporal.
11. Cuando llego a una ciudad desconocida necesito conocerla paso a paso.
12. Prefiero ir a una clase de gimnasia que a una de lectura rápida.
13. Me gusta participar en juegos de «diálogo con mímicas».

La inteligencia interpersonal

Las capacidades involucran:

- Efectiva comunicación verbal y no verbal.
- Evidente presencia en grupos de personas.
- Sensibilidad a caracteres, temperamentos, motivaciones, sentimientos de otras personas.
- La capacidad para discutir otros planteamientos e intenciones subyacentes.
- "Pasar sobre" la perspectiva de otro.
- Crear y mantener sinergia.

¿Las personas se te acercan frecuentemente en busca de apoyo, comprensión y consejos?

Los hábitos que destacan son:

1. Provoco el respeto mutuo como elemento importante en un grupo.
2. Prefiero convivir con otros a estar solo.
3. Casi siempre los dos bandos sienten que estoy de parte de ellos.
4. Con frecuencia comparto objetos con los demás, aunque no me los devuelvan.
5. Las personas se acercan frecuentemente a mí, en busca de apoyo y comprensión, porque me creen capaz de escucharlos y ayudarlos.
6. Me gusta asistir a reuniones formales e informales y participar activamente, pero, en algunos momentos, busco aislarme y reflexionar.
7. Las personas que están en conflicto casi siempre recurren a mí por separado para que les ayude a buscar una solución.
8. Me siento muy en paz frente al mar; me encanta compartir una puesta de sol.
9. Me encanta comprar los libros que me ense-

ñen cómo ser más hábil en mis relaciones con
los demás.
10. Casi siempre me llaman para dirimir un pleito.
11. Casi siempre, dentro de un grupo, termino
siendo confidente.
12. Me gustó compartir con mis compañeros el
almuerzo que llevé a la excursión.
13. Siempre me llaman para organizar y animar
las fiestas.
14. Me gusta asistir a cursos en los que se pueda
establecer la comunicación personal.
15. Para mí, una forma de descansar es convivir
con la gente.
16. En los viajes, lo que más me interesa es conocer a la gente y cómo vive.
17. Me involucro en todo lo que le sucede a la
gente que me rodea.

La inteligencia intrapersonal

Las capacidades involucran:

- Alto nivel de concentración mental.
- Metacognición.
- Percibe y expresa sus sentimientos de manera
diferente.
- Sentido transpersonal de la personalidad.
- Alto nivel de pensamiento y razonamiento.

Entre los hábitos y conductas que destacan
respecto de esta inteligencia encontramos:

1. Prefiero sufrir las consecuencias, antes que
participar.

2. Me gusta más ver cómo se comportan los demás en las reuniones.
3. Elijo actividades de mayor reflexión y profundidad.
4. Soy muy analítico conmigo mismo.
5. Compro discos y asisto a veladas de música cuya letra me hace reflexionar sobre temas sociales, de denuncia, existenciales, etc.
6. Me incomoda y me retraigo cuando los demás no están de acuerdo conmigo.
7. Prefiero no tener que comunicar siempre lo que estoy sintiendo.
8. Suelo desconectarme.
9. Me gusta la lectura en la intimidad y la penumbra.
10. He estado meditando muy profundamente.
11. Me gusta estar conmigo mismo disfrutando de la soledad.
12. Casi nunca participo, pero cuando lo hago me aplauden y reconocen mi «oportunidad».
13. Necesito y disfruto de mis momentos de soledad.
14. Las canciones que me dicen algo son las que más me gustan.

¿Te interesa observar el comportamiento de los demás en las reuniones sociales?

LAS INTELIGENCIAS SEGÚN H. GARDNER

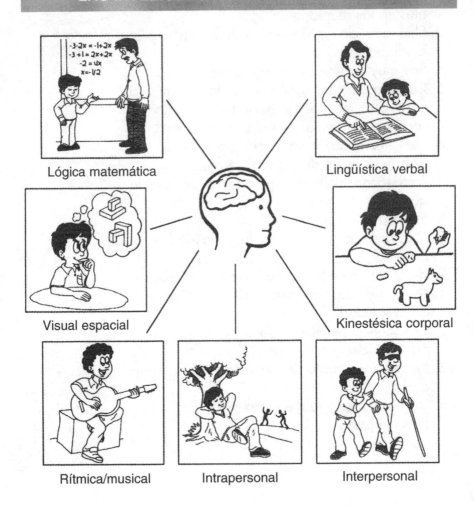

Lógica matemática

Lingüística verbal

Visual espacial

Kinestésica corporal

Rítmica/musical   Intrapersonal   Interpersonal

Actividades de apoyo

- *Observación*: estudie la personalidad de tres personas cercanas a usted, en relación con las características enunciadas en cada uno de los tipos de inteligencia. ¿Las personas estudiadas se desempeñan en una actividad que tenga relación con su resultado? Si no es así, ¿desarrolla bien dicha actividad?, ¿por qué?

• *Trabajo en grupo*: crear una obra teatral (representada por los mismos alumnos), que haga notar el fracaso de una persona que se dedica a una actividad que no tiene relación con su potencial de inteligencia, y el éxito de otra persona, cuya actividad sí la tiene. Puntualizar la enseñanza de la representación.

N. del E. Los últimos estudios de H. Gardner presentan una inteligencia muy importante: la inteligencia espiritual.

Parte 2
CONCEPTO DE CREATIVIDAD Y DESARROLLO DE CAPACIDADES

El principal objetivo de la educación es el de crear individuos capaces de hacer cosas nuevas y no simplemente de repetir lo que hicieron otras generaciones; individuos creativos, inventivos y descubridores, cuyas mentes pueden criticar, verificar y que no acepten todo lo que se les ofrezca.

Jean Piaget

¿Qué entendemos por creatividad?

"La creatividad es fundamentalmente
la solución para un problema."
B. Aldiss

Un considerable porcentaje de personas piensa que la creatividad es una facultad de individuos geniales, que elaboran sus actividades creativas por un hecho casual y que la practican sin necesidad de aprendizaje alguno. Desde este punto de vista es fácil considerar la imposibilidad de desarrollar las capacidades creativas.

Otro grupo (también importante, en el que nos incluimos) cree que cada individuo nace con una cuota de creatividad genética (no nula), que puede desarrollarse mediante técnicas de enseñanza y aprendizaje. Edward de Bono lo reafirma así: *Sólo unas pocas personas tienen una aptitud natural para la creatividad, pero todas pueden desarrollar una cierta habilidad si se lo proponen deliberadamente.*

En forma sencilla, se puede entender la creatividad como la capacidad de pensar diferente de lo que ya ha sido pensado, para lo cual es necesario comparar nuestras ideas con las de los demás.

Creatividad es la capacidad de pensar diferente de lo que ya ha sido pensado.

En realidad cuando se habla de creatividad, lo primero que se nos ocurre es: originalidad, imaginación, inventiva, novedad, audacia, progreso, etc. Y cuando hablamos de una persona creativa, la suponemos:

- Con imaginación novedosa.
- Con confianza en sí misma.
- Con capacidad investigadora.
- Con capacidad de síntesis.
- Con curiosidad y concentración.
- Con buen humor.

Es decir todas las características relacionadas con el éxito y el progreso. Es entonces cuando nos damos cuenta de lo importante que es el desarrollo de las capacidades creativas de nuestros niños y adolescentes, pues es a través de este que lograremos en ellos el desarrollo sostenido de su nivel de autoestima y la consiguiente mejora de su calidad de vida.

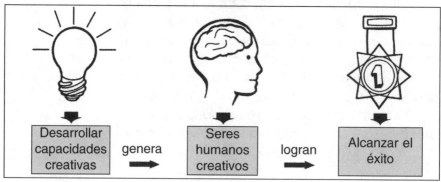

Enfoque creativo

Iniciemos este aspecto dando un ejemplo del enfoque creativo frente a una situación cuya solución convencional sería notablemente diferente (tomado de *Curso de creatividad*, Ariel Guerrero, Argentina, 1992).

Hace ya muchos años, cuando una persona que debía dinero podía ser encarcelada, un comerciante tuvo la desgracia de no poder devolver una suma importante, dentro del plazo acordado, a un prestamista.

Este, que era viejo y desagradable, tenía pretensiones respecto de la bella hija del comerciante. Propuso, por lo tanto, un convenio: considerar saldada la deuda si se le permitía casarse con la joven.

Tanto el comerciante como su hija se horrorizaron ante la propuesta, por lo que el astuto prestamista sugirió que se dejara librada la decisión al azar. Dado que se encontraban en un sendero del jardín, con abundantes pedruscos, les propuso poner un guijarro blanco y otro negro en un bolso vacío, para que la joven eligiera. Si elegía el negro se transformaría en su esposa, quedando saldada la deuda paterna; si elegía el blanco la deuda sería olvidada sin otra condición. El rechazo de esta oferta llevaría al padre a prisión y la hija quedaría en la desdicha.

Creatividad es dejar escapar todas las certezas.
GAIL SHEEHY

Aunque con pretextos, el trato fue aceptado. El prestamista se agachó para tomar los guijarros, pero la joven pudo observar que los dos eran negros. A continuación, el viejo le pidió a ella que extrajera uno para decidir la cuestión. Imagine la situación y trate de pensar qué le aconsejaría a la desesperada doncella.

Podemos reducir las alternativas a cuatro, de a-cuerdo con el pensamiento analítico convencional:

a. Negarse a tomar el guijarro.
b. Aceptar y sacrificarse.
c. Denunciar el engaño, mostrando el conteni-do del bolso.
d. Cambiar la norma invirtiendo el código de colores (negro: no necesita casarse).

Todo acto de creación es en principio un acto de destrucción.
P. PICASSO

Las tres primeras terminan inexorablemente en desastre: el padre preso o la joven casada con el prestamista, o ambas a la vez. La cuarta, adop-tada por los convencionales más agudos, es una variante legalista que trata de impedir que se lle-gue al hecho consumado. Pero sólo lograría una postergación al agregar una jugada más a este gambito de ajedrez: la negativa del prestamista seguida por una pregunta del estilo: «¿por qué cambiar ahora las reglas del juego?» y jaque mate, pues se vuelve a la opción inexorable.

Podemos decir entonces que lo convencional converge en aceptar que la joven no tiene más remedio que elegir el guijarro que la condena, sin entrar a discutir el hecho consumado. Por el contrario, lo creativo centra su atención en el gui-jarro que quedó en el bolso y reacciona contra el hecho consumado sin distraerse en fijar nuevas normas. En esta línea de pensamiento una posi-ble solución es:

La joven introduce su mano temblorosa en el bolso y extrae un guijarro sin mirar. Acto seguido lo deja caer simulando torpeza, de manera que sea imposible identificarlo entre los otros del suelo. «Tonta de mí», dice, «pero no importa, porque si ahora miramos el color del que quedó en el bolso, por descarte averiguaremos el del que yo elegí».

La situación se ha revertido con ventaja, pues en el trato inicial la probabilidad de ganar honestamente era 1/2, mientras que la posición a la que la llevó el prestamista, con probabilidad cero, es transformada por el ardid de la joven en certeza (probabilidad = 1), mediante una especie de «inversión de la prueba». Por supuesto que existen soluciones preventivas, como no endeudarse o conseguir el dinero, pero son harina de otro costal.

Es evidente que el enfoque creativo transita por caminos de pensamiento muy diferentes, pues en lugar de seguir un camino analítico, utiliza el resultado final como punto de partida sintético.

¿En qué actividades podemos desarrollar nuestra creatividad?

Todo lo que se hace rutinariamente, también se puede hacer creativamente.

Muchas personas relacionan la creatividad con los artistas: músicos, pintores, escritores, en fin. Pero no hay razón para tal limitación, la creatividad, más que una habilidad, se debe considerar como una actitud a tomar a lo largo de nuestra vida, ante cualquier situación y aspecto que se nos presente.

Sin embargo, cuando observamos a las personas que nos rodean encontramos que: un hombre es creativo como profesional pero no como padre de familia; otro es creativo como representante de ventas pero no como supervisor; una simple consulta a las biografías de los grandes personajes de la historia universal nos enseña que un sobresaliente músico puede ser la persona más aburrida y conflictiva en sus relaciones humanas.

Conviene distinguir campos, para que cada cual pueda ubicarse en su capacidad sobresaliente.

Por ello conviene distinguir campos, para que cada cual pueda ubicarse en su capacidad sobresaliente. Las actividades humanas valiosas giran en torno a los valores. Si bien es cierto, se pueden citar docenas de valores, es conveniente reducirlos a los cuatro fundamentales y trascendentales: la verdad, la belleza, la utilidad y la bondad.

Los valores fundamentales son: la verdad, la belleza, la utilidad y la bondad.

Las actividades vinculadas con la verdad son las ciencias; las relacionadas con la belleza, las bellas artes y la estética; las que buscan la utilidad son las tecnológicas y las que buscan la bondad son las relaciones humanas, que abarcan la educación, la política, el servicio social, el derecho, la ética, la organización, la comunicación social, el amor, etcétera.

Es trascendental buscar una orientación de nuestra creatividad para descubrir en qué área desarrollarse, producir y por lo tanto sobresalir. Son pocos los niños que ven claramente su lugar; a la gran mayoría nos corresponde descubrirlo a través de los años, del estudio y de la práctica permanente de la autocrítica. Por supuesto hubiese sido mejor que durante nuestra infancia se haya cruzado en nuestro camino un docente que nos ayude a encontrar dicho camino.

CAMPOS DE DESARROLLO

VERDAD		BELLEZA
Las ciencias		Arte Estética

UTILIDAD		BONDAD
La tecnología		Relaciones humanas

DE LA CREATIVIDAD

La creatividad y los hábitos

Todo ser humano desarrolla hábitos: comer ciertas cosas en determinados días, establecer rutas de viaje, comprar artículos en ciertas fechas, acudir a ciertos lugares, etcétera.

La creatividad y los hábitos son dos aspectos muy importantes y necesarios en nuestra vida.

¿Existe alguna relación entre el hábito y la creatividad? Lo que se presenta a continuación nos hace pensar que son totalmente opuestos:

- El hábito es lo sencillo, la creatividad es lo complicado.
- El hábito es lo conocido, la creatividad es lo nuevo.
- El hábito es costumbre, la creatividad es innovación.
- El hábito es la calma, la creatividad es la aventura.

- El hábito es la pasividad, la creatividad es el trajín.

Pensemos por un momento en lo siguiente: si eliminamos la creatividad, lo que queda es pura rutina, conformismo, inercia, monotonía, estancamiento y mediocridad. Si en cambio eliminamos los hábitos, tendremos tensión constante, la falta de una estructura básica, el esfuerzo agotador.

Es evidente que ambos aspectos de nuestra vida son importantes y por ello necesarios; el éxito que obtengamos estará en función de la capacidad de alternar con ellos funcionalmente. Bernard Shaw, ilustre literato dijo: *Mi inteligencia es como la de la gran mayoría de la gente. Creo, sin embargo, que existe una diferencia; mientras casi todos piensan un promedio de dos o tres veces por año, yo trato de pensar dos o tres veces por semana.*

Actividades de apoyo

- *Grupo de discusión*: conversemos ¿qué entendemos por creatividad? ¿Somos conscientes de nuestro potencial? ¿Cuántas veces al día desarrollamos pensamientos creativos? ¿Y a la semana? ¿Y al mes?

- *Propuesta*: en grupos elaboremos dos estrategias pedagógicas que inviten al uso cotidiano del pensamiento creativo. Sugerencia: se pueden analizar diariamente determinados sucesos y establecer criterios para optimizarlos.

El lado creativo
del error y del azar

"Los errores son la evidencia de que alguien ha
intentado conseguir algo."
J. E. BABCOCK

"Equivocarse suele ser esencial para la creatividad".
E. DE BONO

Si repetimos una y otra vez lo que ya conocemos, difícilmente cometeremos errores; sin embargo, en el desarrollo de nuestras capacidades
creativas, éstos se convierten en uno de los aspectos que forjan nuestro aprendizaje constructivo y
creativo, estimula el desarrollo científico y los
avances tecnológicos, el progreso social y fomenta la mejora en la calidad de vida humana.

Este asunto de los errores, manifiesta dos puntos de vista: el de la reprobación penalizada, y el
punto de vista constructivo como elemento de desarrollo y progreso, vinculado a la búsqueda,
indagación, aprendizaje. Los errores nos infor-
man de un desequilibrio entre lo esperado y lo
obtenido.

Tradicionalmente los errores siempre han sido
reprobados en la educación, desde la cultura
Sumeria (3000 años a. de C.) hasta la actualidad
(salvo agradables excepciones). Sin embargo,
desde el punto de vista cognitivo comienzan a
apreciarse como mecanismos de conocimiento

*Tradicionalmente,
los errores
siempre han sido
reprobados en la
educación.*

59

que nos facilitan información sobre los procesos, a la vez que nos permiten la adquisición de habilidades y procedimientos.

Los errores forman parte del desarrollo humano del mismo modo que los residuos son consecuencia de la producción industrial o de la alimentación. Es importante analizar los errores, las fallas, las situaciones imprevistas antes de desecharlas. No actuar así es perder parte de nuestros propios recursos: *"no existe un error tan intrincado que no encierre un poco de verdad"* (Tupper).

El siguiente mapa de conceptos nos grafica el planteamiento anterior:

Sancionar el error o reprobarlo sin estudiar su origen es como aquella llamada telefónica equivocada que se repetía una y otra vez porque solamente recibía por respuesta: *número equivocado*. Pero ¿cuál es el número correcto? Evidentemente al volver a marcar recibía la misma respuesta. En toda actividad discente y profesional se sugiere adoptar una actitud constructiva ante los errores propios y de los compañeros.

Una situación similar la encontramos cuando el docente corrige una prueba, señala los errores sin plantear pautas para no volver a cometerlos, simplemente penaliza ¿por qué? El especialista en mercadotecnia que se encaja en un mismo modelo que una vez le dio resultados pero que no es compatible con los intereses de otro cliente ¿no tendría que pensar en sus errores? Todo profesional necesita reciclar sus errores si quiere mejorar.

Ha sido E. de Bono quien en la actualidad ha recalcado el carácter constructivo y creativo del error con expresiones como: *equivocarse suele ser esencial para la creatividad*. Porque la creación se genera, la mayoría de las veces, ante sucesos problemáticos, presiones personales, profesionales o sociales.

Equivocarse suele ser esencial para la creatividad.
E. DE BONO

Los errores han dado origen a nuevas investigaciones, y los errores han sido en la literatura y el arte fuente de inspiración. La creatividad no está en el error, sino en las personas capaces de generar nuevas ideas a través de ellos. *El error no es un defecto del pensamiento, sino el testigo inevitable de un proceso de búsqueda* (Martinand).

El manejo creativo del error y el azar

¿En qué sentido podemos hablar del uso creativo de los errores y el azar? Para contestar a esta pregunta debiéramos comentar dos aspectos: el del error y el de las condiciones de la creatividad.

Entendemos el error como el desequilibrio o desajuste entre lo esperado (lo establecido previamente) y lo obtenido, como consecuencia de procesos cognitivos en la captación de conocimientos y actitudes; en otras palabras, el error es un desajuste respecto a determinadas pautas de conducta, acuerdos o expectativas.

Ello nos lleva a considerar de forma especial los componentes sociales y culturales del error y la creatividad. La idea de correcto y equivocado no son absolutos, sino que han sido difundidos a través de la educación. El hecho de que en la educación prevalezca el carácter evitativo, negativo del error, incrementa la conciencia de temor a equivocarse y por lo mismo el estudiante trata de frenar cualquier idea que pueda ser sancionada o en el peor de los casos ridiculizada. El error como resultado negativo inhibe no sólo el desarrollo de la creatividad sino incluso de las habilidades comunicativas.

El miedo a equivocarnos por lo que supone desvalorización personal debe ser superado, puesto que se convierte en un obstáculo para la creatividad.

El alumno prefiere estar callado antes que cometer un error. *El miedo a equivocarnos por lo que supone de descrédito social y desvalorización personal debería ser superado, puesto que se convierte en un obstáculo y en un freno interior infecundo* (S. de la Torre). El miedo a equivocarse suele producir nerviosismo, bloqueo y ansiedad. Por el contrario, la consideración constructiva del error es un incentivo, un reto que uno mismo se pone. Observemos de qué manera tan distinta actúa un escolar cuando trata de descubrir el funcionamiento de un juego en una computadora. Se equivoca mil veces, pero no le importa. Sus errores le sirven de pista para insistir hasta descubrir su funcionamiento.

Frente a una computadora, el alumno se equivoca mil veces, pero no le importa. Sus errores le permiten descubrir su funcionamiento.

El otro aspecto que nos planteábamos respecto a la dimensión creativa de los errores es el de las condiciones de la creatividad.

Cabe considerar tres niveles según su grado de estabilidad o inestabilidad, de previsión o imprevisión:

1. Las condiciones estables, aunque no invariables, tales como las disposiciones genéticas, las capacidades o habilidades específicas, el estilo cognitivo, el carácter, etc.

2. Las condiciones cambiantes, como son las actitudes, las motivaciones, las inquietudes personales, la dedicación, los entornos socioculturales y educativos. Todo ese conjunto de factores que se van modificando con las relaciones humanas, que crean expectativas y frustraciones, que determinan un tipo de intereses u otros, que conducen al éxito o al fracaso.

3. Las condiciones casuales o accidentales como situaciones imprevistas, el azar, los sucesos inesperados, los problemas no resueltos, los errores o desaciertos que obligan a revisar los procesos. En fin, toda esa realidad incontrolada, no planificada, casual, pero que condiciona muchas de las decisiones importantes de la vida.

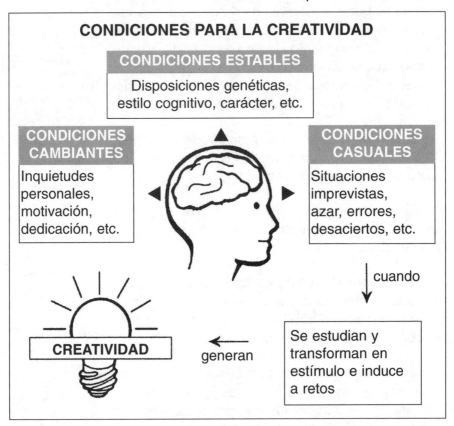

CONDICIONES PARA LA CREATIVIDAD

CONDICIONES ESTABLES

Disposiciones genéticas, estilo cognitivo, carácter, etc.

CONDICIONES CAMBIANTES

Inquietudes personales, motivación, dedicación, etc.

CONDICIONES CASUALES

Situaciones imprevistas, azar, errores, desaciertos, etc.

cuando

CREATIVIDAD   ←   generan   Se estudian y transforman en estímulo e induce a retos

La creatividad está en la actitud de la persona para captar hechos accidentales o erróneos.

Aunque existe una interacción entre estas tres condiciones, la actitud ante tales situaciones imprevistas da origen a comportamientos creativos. En los dos últimos sentidos podemos hablar de la posibilidad creativa del error y del azar en la medida en que el estudiante los transforma e integra en sus proyectos o actividades. La creatividad está, pues, en la actitud de la persona para captar aquellos hechos accidentales o erróneos.

Ante un hecho imprevisto, un contratiempo, un error, una desgracia o nuevos estímulos (lecturas, conferencias, conversaciones, etc.) encontramos actitudes diferentes en las personas:

a. Aquellos que reniegan de su mala suerte y atribuyen sus equivocaciones o fallos al destino o a los demás. No toleran el fracaso. Son personas a quienes desalienta y desconcierta lo imprevisto; es decir, no saben sacar provecho de las condiciones casuales o errores.

Existen dos clases de ideas. Primera, la idea que usted atrapa. Segunda, la idea que lo atrapa a usted.

b. Aquellos que se culpan de todo lo negativo que les ocurre, reprochándose de no haber sabido responder a tiempo. Se atribuyen la culpa inconscientemente de cuanto les ocurre y tampoco saben aprovechar las condiciones casuales.

c. Aquellos que desempeñándose sobre la base de un plan, están abiertos a toda clase de sugerencias para mejorarlo y tienen la suficiente flexibilidad para variar los objetivos de su proyecto si fuera preciso. Tienen un amplio criterio de adaptación. Estas son personas con capacidad de usar el error y el azar como estrategia para crear e innovar. Son personas comprometidas con su comunidad cultural, laboral y social.

La historia de la humanidad y de los descubrimientos están llenos de estos ejemplos. Pensemos en el descubrimiento del caucho por Ch. Goodyear (1841), la penicilina por Fleming (1928), el positrón por Anderson (1932), etc. Muchos descubrimientos arqueológicos tuvieron un origen casual, aunque precedido, las más de las veces, por búsquedas laboriosas. "El creador –escribe R. Marín (1991)– no es el que espera irresponsablemente a que le venga el hallazgo feliz. La creatividad implica preparación, pasión, disciplina, autoexigencia y un agudo sentido crítico de cuanto acontece, para descubrir sus causas y efectos".

Lo dijo Benavente con una frase acertada:

Cuando a alguien se le ocurre algo bueno inesperadamente, es porque antes ha pensado mucho en ello.

Actividades de apoyo

La creatividad es mirar un problema o una situación de una manera diferente de los demás.

- *Reflexionemos sobre la frase*: "*El error no es un defecto del pensamiento, sino el testigo inevitable de un proceso de búsqueda*", ¿estamos de acuerdo con ella?, ¿nuestro desempeño como docente y/o padre de familia es coherente con ella? ¿Cómo estamos enfrentando las situaciones de error que se nos presentan en nuestro trabajo?

- *Propuesta*: establezcamos *El consultorio creativo*, periodo corto en el cual se reciben todas las preguntas acerca de un tema, y cuya regla fundamental es que ninguna *pregunta es absurda*.

Desarrollo de las capacidades creativas

Un ambiente favorable

Uno de los aspectos más importantes en lo referente al desarrollo de las capacidades creativas es el cuidado del ambiente en el que procesamos nuestras estrategias, sin el cuidado de ellas son pocas las posibilidades de éxito.

Tal como lo enuncia David Ausubel, creatividad no es igual que pensamiento creativo. Además del pensamiento creativo (fluido, flexible, original), la creatividad de una persona comprende motivaciones, intereses y varios rasgos de carácter.

Creatividad no es igual que pensamiento creativo.

Más cercana es esta relación que nos sugiere Mauro Rodríguez Estrada:

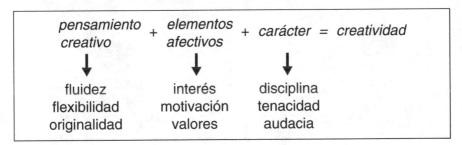

$$\text{pensamiento creativo} + \text{elementos afectivos} + \text{carácter} = \text{creatividad}$$

pensamiento creativo	elementos afectivos	carácter
fluidez	interés	disciplina
flexibilidad	motivación	tenacidad
originalidad	valores	audacia

Corresponde al docente crear un ambiente humano que fomente las buenas relaciones, no solo del estudiante con el profesor, sino también las relaciones abiertas, de los estudiantes entre sí; en constante dinámica de grupo. En tal situación se consideran cuatro aspectos:

UN AMBIENTE GENEROSO

Que permita asomar los intereses y propicie la expresión y la participación de todos. Esto lo logra el maestro que propone, y no el que impone, tampoco el que es indiferente y apático.

UN AMBIENTE SOCIAL

De aceptación bilateral, de manera que todos se relacionen entre sí como personas, y que se atrevan a ser ellos mismos. El auténtico grupo escolar es un gran equipo de aprendizaje significativo.

ASPECTOS FAVORABLES PARA LA CREATIVIDAD

UN AMBIENTE DE PARTICIPACIÓN

En el aula del docente creativo hay mucho trabajo en equipo porque todos sus comportamientos manifiestan mucha confianza en sus alumnos.

UN AMBIENTE DE CREACIÓN Y DE AVENTURA

Se percibe el deseo del riesgo y de la innovación, el gusto por lo desconocido. Se promueve el inconformismo inteligente.

En todo momento el maestro debe saber distinguir, como fruto de su profunda observación, entre la fuerza actual del grupo y su fuerza potencial; sabe que *lo que es* no *coincide con lo que puede o podría ser*; y esta diferencia es la que lo hace consciente de una permanente mejora del grupo.

El docente creativo piensa permanentemente, más que en términos de creatividad, piensa en la creación de manera concreta. Más importante que el propósito de *resolver* problemas, está la orientación a sus alumnos a *descubrir* problemas, ya que descubrirlos puede ser tan importante como resolverlos.

Más importante que el propósito de resolver problemas, está la orientación a sus alumnos a descubrir problemas.

Instrumentos y técnicas sugeridas

El logro del desarrollo de las capacidades creativas en nuestros estudiantes estará en función de las técnicas pedagógicas y los instrumentos que se manejen a lo largo del proceso de su formación integral; esto es, los aspectos cognitivos, afectivos y psicomotrices.

A continuación se presenta una serie de instrumentos y técnicas de desarrollo del pensamiento creativo, todos ellos coherentes con la psicología del aprendizaje. En los ejemplos que se incluyen en cada caso, se deberán considerar las edades y los niveles de desarrollo de los estudiantes.

Ejercicios de percepción

El desarrollo del nivel de percepción en cada uno de los estudiantes es fundamental. Sólo quien percibe de manera objetiva y fina los elementos que están a su alrededor, abastecerá a su mente de abundantes elementos valiosos los cuales luego serán procesados.

El proceso de percepción es todo un arte.

No se trata sólo de abrir los ojos (o los oídos, o el tacto, o el olfato), y que con eso se perciban las realidades del ambiente. No; el proceso de percepción es todo un arte. Es fácil demostrar que si bien los ojos ven líneas, colores y formas, nuestro pensamiento organiza, estructura y asigna significado. Veamos un ejercicio modelo:

* Un tablero particular

Se tiene un tablero de ajedrez en el cual se han cortado dos cuadrados; el del extremo superior izquierdo y el del extremo inferior derecho, quedando 62 cuadrados. Contamos también con 31 fichas de dominó de dos cuadros cada una. ¿Se pueden cubrir los 62 cuadrados con las 31 fichas de dominó?

Pieza de dominó

Tablero en el que se retiraron los recuadros indicados

INDICACIÓN:
sin necesidad de experimentar, podemos observar que el tablero resulta con 32 negros y 30 blancos, por lo que es imposible cubrir el tablero con las 31 fichas de dominó.

Ejercicios de comparación

Comparar significa fijar la atención en dos o más objetos para descubrir sus relaciones o estimar sus diferencias y semejanzas. La capacidad de comparación no es desarrollada en el alumno promedio con regularidad. Procuremos en todo momento establecer nexos (comparaciones) entre conceptos e ideas que se trabajen a través de nuestras sesiones pedagógicas.

La capacidad de comparación no es desarrollada en el alumno promedio con regularidad.

¿En qué se parecen y en qué se diferencian el oro y la plata?, ¿o un libro y una revista?, ¿o lo eléctrico y lo electrónico? Observar y registrar semejanzas y diferencias involucran finas operaciones mentales y proporcionan al espíritu interesante material para que lo trabaje.

Aquí un ejemplo:

* Encontrando coincidencias

Entre las disposiciones de dibujos que se muestran en los recuadros, se encuentran figuras exactamente iguales. Ubícalos y señala cada pareja con una señal.

INDICACIÓN: los alumnos comprueban que la indicación «iguales», se refiere a forma, tamaño, color, orientación. En suma, afina el concepto de comparación.

Actividades de clasificación

Clasificar es buscar y hallar orden en el cosmos, es ordenar por clases, y es una actividad que activa los elementos más creativos de nuestra mente: la percepción, la abstracción, el análisis, la síntesis y la comprensión.

¿Es un automóvil Toyota o no lo es? ¿Es tal relato un mito o un cuento? ¿Estoy actuando bien o no es así?

El desarrollo de esta habilidad nos permite la certeza de nuestras actitudes tanto culturales como sociales, y por ende el sentido de la consecuencia. Veamos el siguiente ejemplo:

* Construyendo un barco

Ordena la serie de ilustraciones de un barco.

INDICACIÓN: observando la cantidad de accesorios en cada imagen se llega al siguiente resultado: 1-10-3-8-5-7-11-9-6-2-4-12.

Recolección y organización de datos

Vivimos la era del conocimiento, se afirma que la cantidad de información con que se contará en el tercer milenio será cincuenta veces más la información que se maneja en la actualidad. En este sentido, más importante que obtenerla es administrarla y organizarla. Cuando a través de Internet solicitamos información acerca de un tema, nos llega una cantidad impresionante de documentos, el problema se reduce a su organización y por supuesto a la decisión por algunos de ellos, para lo cual debemos haber desarrollado la habilidad en cuestión.

Más importante que obtener la información es saber administrarla y organizarla.

Aquí el aspecto creativo se manifestará tanto en transitar los «lugares» (documentos, personas, situaciones) adónde dirigirse, como en la variedad de maneras de organizar el material recargado. Un modelo:

* Distribución especial

En el esquema que se muestra, ubicar los números: 4, 5, 6, 7, 8, 9, 10, 11 y 12 de modo que sumando los números en todos los diámetros resulte siempre 24.

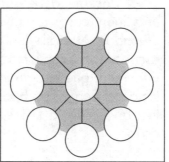

INDICACIÓN:
bastará con ubicar el número 8 en
el centro y a los extremos de las
diversas diagonales dos números
que sumen 16 (4 - 12, 5 - 11, 6 -
10).

El sueño y la fantasía

A medida que el ser humano va creciendo, simultáneamente va perdiendo la habilidad de soñar.

Según estudios psicológicos, a medida que el ser humano va creciendo y desarrollándose, simultáneamente va perdiendo la habilidad de soñar; y es que somos más conscientes de la realidad concreta, de lo que es *humanamente posible* y por supuesto de lo que es *imposible* para nosotros.

Esta modificación de nuestra forma de pensar tiene también estrecha relación con la sociedad en la que vivimos, y es en la mayoría de los casos la determinante principal de la pérdida de la capacidad de *soñar despiertos*.

Dejar volar la imaginación durante pequeños intervalos de tiempo para pensar en cosas irreales es un medio eficaz de trascender la realidad para enriquecerla.

El docente debe sugerir a sus alumnos que imaginen cosas premeditadamente absurdas o alocadas: que dibujen un dolor de cabeza; que escriban una conversación entre un carnero con una vaca; que imaginen cómo habría sido la historia del Perú si no hubieran llegado los españoles; qué pasaría si los objetos se *cayeran* para arriba.

Significados diversos

Es muy importante encontrar significados diversos a una misma situación o elemento. Hacerlo combate la tendencia –generalizada– a conformarse con la primera interpretación que se nos ocurre, lo cual, evidentemente bloquea la posibilidad de crear.

Analizar una situación desde un solo punto de vista bloquea la posibilidad de crear.

Analicemos esta situación (Mauro Rodríguez). Un subdirector muy entusiasta en impulsar en sus planteles una campaña antialcohólica, se había propuesto ser muy original y didáctico en su mensaje.

Llega a un salón de clase, y coloca sobre el escritorio una lombriz viva y dos vasos: en uno hay agua pura, y en el otro, alcohol puro. Con toda formalidad muestra cada uno de los vasos a los 50 niños, indica el contenido de cada uno y luego toma la lombriz y la echa en el vaso de agua; el animalito se mueve a sus anchas en el líquido cristalino.

Al cabo de unos minutos la retira del vaso con agua y la ubica en el vaso con alcohol. Los niños observan que instantáneamente el infortunado animalito, queda rígido y sin vida. El subdirector, muy ufano y seguro de que todos han aprendido la lección, pregunta sonriente: "díganme niños, ¿qué aprendemos de este experimento?". Se levanta una manita y dice: "que tenemos que tomar alcohol para que se nos mueran las lombrices".

Practiquemos el ejercicio de hacer describir un mismo objeto o situación por varias personas o solicitemos que una de ellas manifieste diversas interpretaciones. Resulta un interesante ejercicio para estimular en muchas direcciones su potencial creativo.

Crítica y valoración

Criticar es el arte de juzgar la bondad, verdad y belleza de las cosas, mientras que valorar es estimar el mérito de una persona o cosa. En este sentido el desarrollo de estas habilidades involucra el manejo crítico de los valores de cada uno de nosotros.

Estudiemos el siguiente ejemplo: el caso de la chica que vive con su mamá en una isla, y en la isla de enfrente vive el novio y un amigo de él. La chica necesita pasar a la isla del novio, pero el único medio de hacerlo es contratar el servicio de un lanchero tosco y grosero. Al enterarse del propósito de la muchacha, éste pone como condición que tenga relaciones sexuales con él. Ella consulta a la mamá, que responde: "es tu problema, yo no tengo por qué meterme. Tú sabrás lo que haces". La chica decide aceptar la condición y llega a la otra isla; le cuenta a su novio lo sucedido y él la rechaza indignado. Entonces interviene el amigo del novio: "yo me caso contigo".

Se pide a los integrantes del grupo que individualmente ordenen, de mayor a menor, la culpabilidad de estas cinco personas y luego que lleguen a un acuerdo sobre el particular.

Lo más interesante de este ejercicio no son las respuestas de las diferentes personas, sino el análisis posterior que lleva a descubrir los criterios subyacentes, los valores y los supuestos de los integrantes del grupo.

Establecimiento de juicios ligeros

Es muy común establecer juicios apresurados en función de los esquemas mentales que cada persona tiene. Por otro lado, la formación escolar muchas veces nos deja barreras para determinadas áreas culturales, tales como las Matemáticas, la Literatura, etc., que nos impide un desarrollo de la creatividad puro y sin perturbaciones afectivas. Por ejemplo, se propone el siguiente problema: "un ciclista recorre una distancia de 1000 metros en 2 horas; ¿cuál fue su recorrido durante la primera hora?".

La formación escolar muchas veces nos deja barreras para determinadas áreas culturales.

No todos son capaces de asegurar que es imposible hallar la respuesta correcta porque faltan datos.

Casos más inmediatos a la vida cotidiana son, por ejemplo, las suposiciones semiconscientes: "si este producto es importado, entonces tiene mejor calidad; o si proviene de tal país, tiene tales características", etc.

Notemos que en la mayoría de nuestras decisiones existe una importante participación de nuestro inconsciente colectivo, y que por lo general el terreno de los valores tiene zonas de cosas confusas, latentes, subyacentes, nebulosas. Planteamos a continuación un ejemplo:

En la mayoría de nuestras decisiones existe una importante participación de nuestro inconsciente colectivo.

* Una aparente dificultad

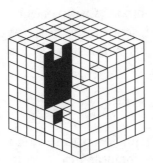

¿Cuántos cubos se necesitan para completar el cubo más grande?

INDICACIÓN:
Si confiamos en nuestra vista y efectuamos las operaciones sin quitar la mirada del gráfico, podemos obtener la respuesta correcta (52).

Elaboración de proyectos

La elaboración de proyectos es una de las actividades de mayor desarrollo de las capacidades creativas, debido a que ésta involucra una cadena de procesos tales como la planificación, la percepción, la organización, la síntesis, la evaluación, etc.

Cualquier asignatura de clase se presta a que los alumnos formulen proyectos, si el profesor pone interés e imaginación.

Juicio diferido

En este caso la técnica consiste en eliminar toda crítica o intento de evaluación para no correr el riesgo de interrumpir las ideas que acuden y ocurren a las mentes.

Indudablemente la crítica y la evaluación son actividades que hay que realizar, pero sólo después de que se ha abierto al máximo el abanico de las posibilidades.

El juicio diferido es el principio elemental para la técnica conocida como *lluvia de ideas* o *brainstorming.* Esta técnica es tanto más necesaria y actual cuanto que "vivimos en una sociedad que busca los frutos del esfuerzo creativo, pero frecuentemente niega la validez del proceso creativo" (Belmont, 1961).

Nuestra sociedad busca los frutos del esfuerzo creativo, sin embargo, no valora el proceso creativo.

* Haciendo un collar

Tenemos una cadena dividida en cuatro partes (como se aprecia). Abrir o soldar un aro cuesta 10 dólares. ¿Podremos formar un collar con 60 dólares?, ¿cómo?

INDICACIÓN:
Sólo es necesario abrir los aros de una de las ternas. Inténtalo.

Tormenta o lluvia de ideas

Esta técnica, diseñada por Osborne, actualmente se practica con numerosas variantes. En este caso la presentamos para ser desarrollada en equipos de seis a ocho participantes por grupo.

La lluvia de ideas concentra un grupo de mentes en un problema único y específico.

Después de presentar una lista de tres o cuatro problemas:

1. El equipo elige de común acuerdo el problema que se va a resolver.
2. Se nombra un secretario.
3. Durante 10 minutos todos aportan ideas, sin que éstas sean juzgadas ni analizadas en forma racional. Es decir, se permite que fluyan, aunque parezcan absurdas.
4. Se toma un minuto de descanso.
5. Se vuelve a hacer una lluvia de ideas durante cinco minutos.
6. Las ideas se clasifican en grupos.
7. Se selecciona un grupo de ideas.
8. Se revisan las ideas del grupo elegido, se evalúan y jerarquizan.
9. Se trazan planes de acción concretos, según el orden jerárquico de las ideas.
10. Se delegan responsabilidades.
11. Se evalúa.
12. Las ideas y los aportes del equipo se guardan como «conserva» para otra ocasión.

Duración: aproximadamente 90 minutos.

Intensa sensopercepción consciente

Busquemos momentos para pensar en aquellas cosas que nos ofrece la vida y que nos llenan el espíritu.

La velocidad con que se mueve la sociedad actual, impide que nos detengamos en aquellas cosas que nos ofrece la vida y que nos llenan el espíritu. Cada vez con menor frecuencia se visitan parques, museos o se establecen conversaciones en las que el tema es la sonrisa de un niño, la belleza de una flor, la intensidad de una sinfonía, etc.

El maestro puede ofrecer dos tipos de material: estímulos directos (flores, frutos, animalitos, estampas, etc.); o hacer que los alumnos evoquen sus propias vivencias, visualizándolas intensamente y reviviéndolas. Por ejemplo:

La calma del mar en una fría tarde.
Una cena dominical solo en familia.
La sensación luego de un baño, un día de intenso calor.
La mesa familiar preparada para una comida de fiesta.

El docente puede también orientarlos a buscar la fuente de inspiración en la naturaleza: el firmamento con sus nubes, las praderas con sus flores, los bosques con sus árboles, los valles, las colinas, las barrancas, los ríos, los lagos.

Cuantiosa verbalización

Este aspecto es tan importante que merecería un capítulo aparte:

Propiciar la expresión verbal puede ser la mejor escuela de creatividad; la mejor fábrica de creatividad, si vale la expresión.

El lenguaje no es sólo el vehículo del pensamiento; es su matriz. Es falso que primero tengamos las ideas bien definidas y luego las comuniquemos a otros. Lo cierto es que en el proceso mismo de expresarnos se definen, se aclaran, se consolidan y se enriquecen las ideas.

El docente creativo y creador no se contenta con la *receptividad* de sus alumnos; los hace expresarse y así provoca su *actividad*, se empeña en hacerlos pasar de *re-activos a pro-activos y pro-ductivos.*

A veces las solas preguntas son resortes mágicos que desencadenan procesos de reflexión, de profundización y de creación.

Los alumnos que más necesitan explicaciones son los que menos se atreven a solicitarlas.

No se trata solamente de interrogantes (tales como ¿por qué?, ¿qué te parece tal cosa?), propuestas al grupo para ver quién las toma, sino de preguntas dirigidas a determinados individuos; a todos, de ser posible. Tengamos siempre en cuenta que los alumnos que más necesitan explicaciones son los que menos se atreven a solicitarla y los que menos se atreven a participar en público.

Escritura libre

Con frecuencia, la parte más difícil de la escritura consiste en saber sobre qué deseamos escribir.

Pocas son las oportunidades que se ofrecen a los alumnos en la escuela para que den rienda suelta a su imaginación y elaboren un cuento, tal vez una canción o simplemente lo que su imaginación les ordene.

Se sugiere escribir, sin pensar analíticamente, acerca de cualquier tema o pregunta propuestos; por ejemplo:

Nuestro grupo es...
Cuando tenía ocho años...
Hasta hoy he conocido...
En este día siento...
Este objeto se parece...

El sueño es...
Dentro de cinco años quisiera...
Si conociera a... le diría...

Conviene mencionar el tema o pregunta y que el grupo escriba con palabras sencillas, con música de fondo en volumen suave.

Duración: aproximadamente 30 minutos.

Descifrando códigos

Cada participante inventa la mayor cantidad de códigos posibles y los va enseñando al grupo; todos tratan de descifrarlos. Los códigos se elaboran teniendo en cuenta el pensamiento simbólico.

Por ejemplo:

(PICAFLOR) (SOLDADOS)

(PARADOJA) (CAFÉ)

Se puede elaborar frases completas; mientras más elaboradas, mejor. Veamos un ejemplo:

Resolviendo un enigma

Considerando los códigos que se muestran a continuación, descifrar el mensaje.

Códigos:

A	B	C	D	E	F	G	I	J	K
✡	✛	✜	✤	✢	✦	✧	☆	✪	☆

L	M	N	O	P	Q	R	S	T	U
✪	★	✮	✫	✩	✳	✲	✴	✳	✺

Enigma:

(símbolos del enigma)

INDICACIÓN: luego de resolver el enigma, para lo cual debe colocar el equivalente de cada signo al costado, intentar construir algunos ejercicios similares. (Respuesta: *cuando trabajo con orden, obtengo mejoresresultados*).

Los seis sombreros

Este ejercicio diseñado por E. de Bono, consiste en formar equipos de seis personas; se nombra un secretario, quien usará simbólicamente un sombrero azul y registrará en forma objetiva lo que el grupo produzca.

El grupo tiene la tarea de analizar y resolver un problema, usando cinco formas de pensamiento distintas, más la sexta del sombrero azul.

Enfrentar un problema desde varios puntos de vista es la clave del éxito.

Para pensar de esta manera, se da al equipo un plazo de un minuto entre un sombrero y otro, con el fin de que los participantes pongan su intención en esta forma de pensar; y de 10 a 15 minutos para analizar el problema según cada color.

Los sombreros son:

Blanco: hechos concretos, objetivos, cifras.

Rojo: emociones y sentimientos, intuición, presentimientos.

Negro: lo que tiene de malo la idea, lo que no sirve, lo negativo.

Amarillo: especulativo, positivo, constructivo, fundado en la lógica.

Verde: el creativo, el «loco», el que piensa de manera diferente, el pensamiento lateral, provocador.

Azul: objetivo, visión de conjunto, controlador.

*Sumérgete en
el mar de los
pensamientos y
encontrarás
perlas de un valor
incalculable.*
A. Ibn-Ezra

Se recomienda que el negro y el rojo sean siempre posteriores al amarillo y al verde, ya que la química en el cerebro durante el pensamiento negativo o muy emotivo es difícil de eliminar y dificulta el otro tipo de pensamiento.

Un juego recomendado por E. de Bono para este tipo de desarrollo es el ajedrez. Se puede usar también dominó, o también se pueden agregar más «sombreros» como el morado, para el pensamiento vinculado a lo trascendente; transparente para lo imprevisto.

Actividades de apoyo

- *Tema de discusión*: exponga al grupo un estímulo visual y pida que cada participante lo describa por escrito. Haga leer algunas de las descripciones y luego entre todos comenten cómo las percepciones de una misma cosa son diferentes en los diferentes sujetos.

- *Actividad*: de las técnicas que se mencionaron señalen los cinco o seis que mejor podrían funcionar en sus clases.

- *Trabajo de grupo*: presente al grupo un aparato o un artefacto. Solicíteles que imaginen y describan los caminos que condujeron a él; es decir, los procesos psicológicos y tecnológicos subyacentes a su diseño y fabricación.

- *Proyecto*: escriban una lista de diez o más modos de hacer a los niños más sensibles a la belleza del mundo, a las cosas naturales.

Análogamente, anoten diez modos de desarrollar interés por las expresiones creativas (asistencia a museos, exposiciones de arte, teatros, conciertos, etc.) y tolerancia ante las nuevas ideas.

Parte 3
CREATIVIDAD EN EL AULA Y DIAGNÓSTICO

Quizá sea demasiado esperar que los educadores conservadores puedan ser persuadidos a que acepten de buen agrado la crítica hacia las ideas que veneran. Sin embargo, se les puede hacer ver que el mundo necesita desesperadamente nuevas ideas y que nuestros niños son quienes deben generarlas.

E. Paul Torrance

Creatividad y aprendizaje significativo

"El aprendizaje, quiero decir, el auténtico
aprendizaje, es creativo."
E. PAUL TORRANCE

En los últimos años se ha presentado una serie de cambios en el sector educativo de nuestro país, tanto en los aspectos curriculares, como en la propuesta metodológica; paralelamente se han organizado eventos de actualización técnica y pedagógica.

Esto ha provocado, como es evidente, una preocupación del docente, que, como responsable directo de la educación integral del niño, debe plasmar en sus aulas las referidas modificaciones; es entonces que se apela a su creatividad, pero ¿conoce alguna técnica que le permita generar estrategias de aprendizaje significativo? ¿Qué elementos le pueden servir de valioso apoyo para el éxito de dicha tarea?

Es necesario que el docente conozca determinados criterios que le permitan generar estrategias de aprendizaje significativo.

Lo que se pretende a continuación es presentar determinados criterios que permitan al docente generar estrategias de aprendizaje significativo y lo habitúe a desarrollar su actividad desde el punto de visto constructivo.

Recordemos previamente los siguientes conceptos:

Etapas en el proceso de aprendizaje

Motivación. No hay aprendizaje sin motivación previa. La insistencia por parte del docente en establecer diversas formas de enseñar matemáticas, será vana si no hay la motivación necesaria.

Objetivo. Lograda la motivación, es importante que los objetivos planteados por la escuela y por el docente sean compatibles con los objetivos del alumno. Él sólo aprenderá si está consciente de que al aprender está calmando alguna tensión provocada por sus necesidades.

Forzar la enseñanza antes de la maduración adecuada puede ser muy perjudicial.

Preparación. La mayoría de las dificultades escolares son generadas porque el alumno no está suficientemente preparado para los aprendizajes que le son propuestos. Forzar la enseñanza antes de la maduración adecuada puede ser muy perjudicial. Por ejemplo, no tiene sentido enseñar ecuaciones de segundo grado antes que el alumno tenga capacidad para operaciones abstractas, etc.

Obstáculo. Sin obstáculos no hay aprendizaje, sin trabas no habría necesidad de aprender. Si el alumno ya sabe resolver ecuaciones lineales, no ocurrirá aprendizaje sino hasta cuando se le presente una ecuación, por ejemplo de segundo grado, debido a que le ofrece un nuevo obstáculo que debe ser superado.

Respuestas. El ser humano se desempeña buscando vencer el obstáculo. El docente buscará bibliografía respecto del nuevo tema de la programación curricular, el alumno buscará material para su asignación, etc.

Refuerzo. Superado el obstáculo, el procedimiento exitoso es reforzado y en situaciones similares, será repetido. Si el docente acertó con la bibliografía que seleccionó, volverá a usarla; si el alumno tuvo éxito en su asignación, en lo sucesivo buscará información de la misma manera, etc.

Generalización. Equivale a integrar el proceso correcto a los conocimientos. Esto permite que el estudiante manifieste la misma respuesta que lo llevó al éxito, frente a una situación semejante.

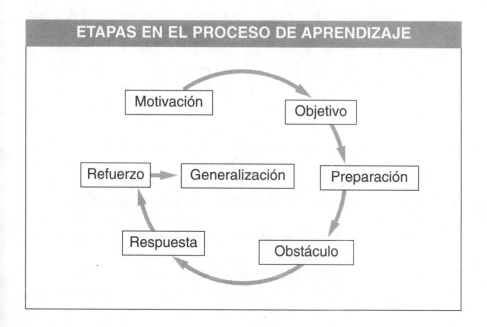

ETAPAS EN EL PROCESO DE APRENDIZAJE

Promoción del aprendizaje creativo

El sistema educativo tradicional está lejos de promover la creatividad; desde la disposición rígida de los asientos, hasta la metodología expositiva aún utilizada por determinados docentes (que cada vez son menos); estas características fomentan más bien la pasividad, el conformismo y la imitación.

Sin embargo, la escuela y el docente están en la importante posibilidad de desarrollar las capacidades creativas del alumno. Para ello se debe fomentar la **originalidad**, la **inventiva**, la **curiosidad** y la **investigación**, la **iniciativa** y la **percepción sensorial**.

Originalidad. El docente tiene la posibilidad de estimular al alumno a tener y expresar ideas originales, diferentes de las generadas por sus compañeros. Mas allá de establecer la verdad o falsedad de los planteamientos del alumno, el docente se debe interesar por el origen y por las consecuencias que éstas conllevan, lo importante es que el alumno note el interés de su profesor, que sienta la valoración hacia su participación, a su producción original; pero es necesario tener cuidado de no sobrevalorar porque de lo contrario estaremos haciendo un daño mayor.

Existen varias dinámicas y técnicas para estimular la originalidad; muchas de ellas con bases lúdicas tales como concursos de ideas, utilidades diversas de un objeto, creación de un cuento, etc.

Inventiva. La inventiva es la frecuencia con la cual el alumno genera ideas. Una manera de fomentarla es considerar todas las ideas de los estudiantes, por más fantásticas que sean. Algunas dinámicas para el caso pueden ser: que detallen una lista de actividades que no puede hacer el ser humano fuera de la atmósfera terrestre, la mayor cantidad de usos que le puede dar a determinado objeto, que invente y dé significado a una serie de palabras que empiezan y terminan en E. A través de todas las dinámicas que se desarrollen, el alumno debe aprender a valorar sus ideas, esto le permitirá mejorar su nivel de autoestima.

Curiosidad e investigación. Estimular la curiosidad, fomentarla por todo aquello que los demás consideran evidente, generar la búsqueda de nuevas alternativas para cuestiones comunes, también promueven la creatividad. Es uno de los pilares de la enseñanza constructiva. Una interesante forma de estimular la investigación es habituar a los alumnos a sustentar sus ideas o puntos de vista, esto creará la necesidad de buscar información al respecto o de prestar mayor atención a los medios de prensa.

Una interesante forma de estimular la investigación es habituar a los alumnos a sustentar sus ideas o puntos de vista.

Iniciativa. Tener la capacidad de iniciar un debate, de dar la primera idea, de proponer un tema para discusión e iniciarlo, son características que nos invitan al desarrollo de nuestras capacidades creativas. Para esto, el alumno debe tener un alto grado de autoestima.

Una de las características del alumno es la pasividad en clase, de modo que cuando se solicita un voluntario son pocos (o ninguno), los que se ofrecen. Por tanto, más allá de solicitarlos debemos invitarlos y motivarlos para lograr su participación; otra posibilidad es simular un informal conversatorio.

Percepción sensorial. Una de las capacidades que se deben desarrollar en el estudiante es la de sentir, de percibir las diversas situaciones que se manifiestan a su alrededor, en la casa, la comunidad o el mundo. Esto se logra a través de la lectura de noticias de actualidad y del análisis (dependiendo de su edad) de los mismos. Otra manera es la de promover debates con temas de su comunidad; en ambos casos se deben resaltar aspectos formativos y afectivos.

El encuentro de diversos puntos de vista motivará el desarrollo de la percepción sensorial.

También conviene entrenar la percepción sensorial sugiriendo a los alumnos que observen los detalles de un suceso durante un tiempo (unas elecciones, un partido de futbol, un concierto y su difusión, un hecho político internacional, etc.). Luego, cada alumno comenta y anota su impresión. El encuentro de diversos puntos de vista motivará el desarrollo de dicha capacidad.

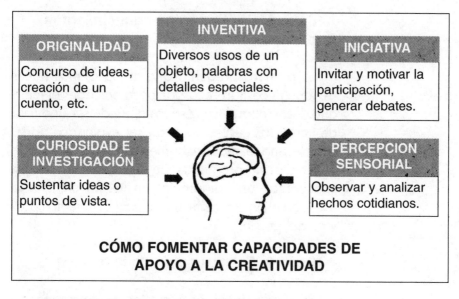

ORIGINALIDAD
Concurso de ideas, creación de un cuento, etc.

INVENTIVA
Diversos usos de un objeto, palabras con detalles especiales.

INICIATIVA
Invitar y motivar la participación, generar debates.

CURIOSIDAD E INVESTIGACIÓN
Sustentar ideas o puntos de vista.

PERCEPCION SENSORIAL
Observar y analizar hechos cotidianos.

CÓMO FOMENTAR CAPACIDADES DE APOYO A LA CREATIVIDAD

¿Cómo elaborar nuestra estrategia?

Recordemos que enseñanza constructiva implica aprendizaje significativo, es decir, establecer los elementos necesarios y suficientes para que el estudiante logre construir el concepto (conocimiento), a partir de determinados conocimientos previos y mediante estrategias pedagógicas propuestas por el docente. El problema fundamental (según la mayoría de los docentes), es idear dichas estrategias.

La técnica que produce mejores resultados es el método socrático (cuestionamiento introspectivo), que consiste en hacerse preguntas en torno a un aspecto, con el fin de encontrar una serie de respuestas de las que se pueda obtener una conclusión. Muchas veces las respuestas que encontramos generan nuevas preguntas, pero éstas nos permiten acercarnos a la respuesta definitiva.

La técnica que produce mejores resultados es el método socrático.

Paso 1. Confirmar los conocimientos previos

La primera pregunta que nos debemos hacer es ¿qué necesitan recordar para entender el tema que desarrollaré? La respuesta puede ser una lista de ítems, los cuales deberán ser evaluados a través de uno o más instrumentos (prueba escrita, prueba oral, preguntas de muestreo, un mapa conceptual, una dinámica, un juego, etc.), todo esto con el fin de confirmar los conocimientos previos del grupo.

Paso 2. Construcción de la técnica

Para esto debemos contestarnos determinadas preguntas en torno al tema a desarrollar, tales como: ¿cuáles son las características del tema?, ¿cuál es el orden de prioridad de las mismas?, ¿tiene relación directa con algunas situaciones, reales?, ¿cuáles son? Si no la tiene, ¿se puede establecer un hecho fantástico en el que intervenga el tema?, ¿cuáles podrían ser los materiales que se necesitan para concretar dicha relación con la realidad o el hecho fantástico?, ¿cómo los elaboro o consigo?

Para muchas de las preguntas que se presentan en el párrafo anterior se puede aplicar la lluvia de ideas, con el fin de contar con una gama de posibilidades, recordemos que cuantas más ideas, es mejor, independientemente de su factibilidad. En realidad la intención debe ser establecer una dinámica interactiva, con determinado material didáctico, que permita al alumno realizar o por lo menos relacionar los conceptos del tema con la realidad.

Respecto del material didáctico, también es conveniente contestarnos: ¿debo llevarlo preparado o puede ser un pretexto para trabajar una dinámica motivadora en clase? Le recomiendo lo segundo. ¿El material que estoy decidiendo es el más económico que se puede conseguir?

Paso 3. En el aula

Es en este momento que debemos tener en cuenta las etapas del proceso de aprendizaje. De la técnica o modalidad que decidamos para motivar, dependerá gran parte de nuestro esperado éxito.

De la técnica o modalidad que decidamos para motivar, dependerá nuestro esperado éxito.

Luego de la dinámica, se deben formalizar los conceptos o aspectos que se trabajaron; en la medida de su experiencia con esta metodología, tendrá medianos o extraordinarios resultados. Es muy común que se tenga un pequeño porcentaje del grupo que no haya logrado con éxito la actividad, pero esto no lo debe desanimar en el intento, más bien le sugiero enriquezca su método analizando los resultados obtenidos y compártalo con sus colegas.

Enriquezca su método analizando los resultados obtenidos y compártalo con sus colegas.

Debemos tener presente que: «En el mundo no se ha hecho nada grande sin pasión». Cuando nos decidimos publicar este trabajo, lo hicimos pensando en el cada vez más grande grupo de docentes que ha entendido que la educación de nuestro país necesita urgentemente un cambio radical, y que no está dispuesto a esperar que las cosas se hagan para luego cambiar de actitud, sino que consciente de que está formando a la generación del tercer milenio, quiere trascender como un auténtico maestro de vocación.

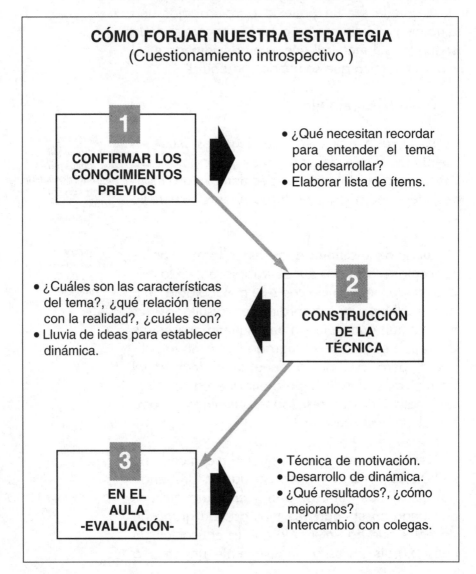

Actividades de apoyo

- *Reflexionemos*: ¿cuál es el procedimiento que generalmente manejamos para preparar el desarrollo de nuestros temas?, ¿podemos mejorarlos?, ¿cómo me ayuda el método expuesto? ¡Manos a la obra!

- *En grupo*: eligiendo un tema afín al grupo, construyamos una técnica de tratamiento en aula. Considerar un aula de 35 alumnos o más.

Creatividad en los contenidos

"En las nuevas formas de educación, deberíamos
enseñarles a los niños cómo aprender, pensar, recordar,
crear y resolver problemas."
TONY BUZAN

Luego de una serie de conversaciones y dis-
cusiones constructivas con muchos docentes de las
diferentes especialidades de primaria y secunda-
ria, percibo que una de sus grandes dificultades
para la mejora de sus actividades pedagógicas
está relacionada con los contenidos, los cuales si
bien es cierto que en la actualidad no son impuestos en un 100%, determinan *parámetros* que inco-
modan al docente cuando está elaborando su
propuesta curricular.

En este sentido debemos tener en cuenta que
la creatividad no solo es posible en la práctica
pedagógica, sino también en la elaboración de
los contenidos. Es cierto que en la mayoría de los
cursos existen programas sugeridos que, en alguna medida, determinan los contenidos y restrin-
gen la libertad. Pero aun así es amplio el margen
que queda para la originalidad tanto del maestro
como de los estudiantes.

*La creatividad
no solo es posible
en la práctica
pedagógica, sino
también en la
elaboración de los
contenidos.*

Un principio debe primar en la tarea de establecer contenidos: *el mejor contenido es el que*

mejor responda a las necesidades e intereses de los estudiantes. De allí hay que partir para decidir lo que conviene, o no, desarrollar.

Para la elaboración de contenidos debemos considerar los siguientes puntos:

1. Las cuatro áreas básicas. Son las siguientes:

El área cognoscitiva (el saber) considera la percepción, la recolección de información, la retención, el análisis, la síntesis (comprensión), la crítica (evaluación).

El área de habilidades involucra: las destrezas psicomotrices, las habilidades intelectuales (solución de conflictos), las habilidades sociales (trabajo en equipo).

El área de actitudes; las actitudes funcionan como puente entre los conocimientos y las habilidades. Las actitudes hacia sí mismo, hacia el prójimo, hacia la vida, hacia Dios.

El área de conductas externas, la puntualidad, el respeto, el orden, el cuidado personal.

Las actitudes y las conductas externas determinan el éxito o fracaso de las relaciones sociales.

Actualmente y en el futuro de la sociedad, las actitudes y las conductas externas son las que en buen porcentaje determinan el éxito o fracaso de las relaciones sociales. En un inicio, son mucho más importantes que los conocimientos técnicos y científicos.

El docente creativo y generador de la creatividad, debe tener muy en cuenta estas cuatro áreas; de lo contrario, será fácil que ingenuamente se centre en la primera y se conforme porque logró que sus alumnos "aprendieron bien los temas (conocimientos) del programa".

2. Información crítica. La creatividad como proceso mental de desarrollo necesita gran cantidad de información (conocimientos previos). Crear implica transformar, remodelar, reestructurar, aplicar. Y la información percibida es la materia prima. Si estamos más documentados podremos llegar más lejos y por mejor camino.

En estos tiempos, cercanos al tercer milenio, la cantidad de información a la que puede acceder un alumno es tal que debe tener la capacidad de organizarla. Es vital que el estudiante sepa distinguir las fuentes (la información original de primera mano) y la bibliografía (la información de segunda mano).

Es vital que el estudiante sepa distinguir las fuentes (información original) y la bibliografía (información complementaria).

3. Ley de anclaje. Este es uno de los principios del aprendizaje significativo, debe ser evidente la continuidad de los conceptos, los conocimientos adquiridos en una sesión se transformarán en conocimientos previos de la siguiente sesión y así sucesivamente, es decir, los nuevos contenidos y significados deben engranarse con los que el estudiante ya tiene adquirido.

4. El aula-laboratorio. Tiene muy poco que ver con el aula-auditorio y con el aula-salón de conferencias. Un aula-laboratorio pide experiencia directa, concreta, vivencial, sin intermediarios, mientras que en los otros casos prima lo expositivo.

5. Variedad de enfoques. Se deben trabajar diversos puntos de vista respecto de las cosas y las situaciones de la vida: globales, parciales, sistemáticos, cronológicos, analíticos, intuitivos, teóricos, prácticos, críticos, humanistas, tecnológicos, etc.

6. Hemisferios cerebrales. Es importante considerar que el desarrollo armónico y la salud mental están en función del equilibrio entre los dos hemisferios cerebrales: *el derecho*, que es perceptivo e intuitivo, y *el izquierdo* que es el lógico y discursivo; y aceptando que la escuela ha favorecido a este último en perjuicio del primero, el maestro creativo abre todos los accesos para que llegue abundante material destinado al hemisferio derecho.

Fomenta las actividades psicomotrices; el dibujo libre, el modelado, el recorte y pegado, el trabajo en madera, la pintura con pinceles, la pintura con los dedos, la jardinería; en fin, todo lo que estimule los sentidos corporales. A mayor experiencia vivencial, mayor aprendizaje.

Los problemas de comunicación y de comprensión que cotidianamente se ven, son generados por el deficiente manejo del lenguaje.

7. Lenguaje preciso. Una vez más nos enfrentamos a este punto. El uso correcto del lenguaje garantiza el entendimiento correcto del mismo; más que un instrumento de comunicación es un elemento de apoyo directo al desarrollo de las capacidades creativas. Los problemas de comunicación y de comprensión que cotidianamente se ven, son generados por el deficiente manejo del lenguaje; y muchos se originan en la ilusión de creer que se entiende bien lo que se entiende a medias; y que se capta claramente lo que de hecho ha quedado confuso.

Finalmente, debe quedar claro que no solamente se trata de que el docente se exprese bien, sino de que sus estudiantes se expresen cotidianamente, sobre diversos temas, que verbalicen permanentemente tanto en forma oral como escrita.

ASPECTOS POR CONSIDERAR EN LA ELABORACIÓN DE CONTENIDOS

Capacidad de manejar grandes cantidades de información.

Hemisferios cerebrales, considerando las funciones de cada uno y aprovecharlas.

Ley de anclaje. Relación coherente y organizada de la secuencia de temas.

CONTENIDOS POR DESARROLLAR

Diversidad de enfoques, respecto de las situaciones que se presentan.

Aula-laboratorio. Generar actividad y participación del alumno.

Uso correcto del lenguaje, siendo éste un elemento de apoyo directo a la creatividad.

Actividades de apoyo

- *Reflexionemos*: ¿cuál es el procedimiento que generalmente manejamos para preparar el desarrollo de nuestros temas?, ¿podemos mejorarlos?, ¿cómo me ayuda el método expuesto? ¡Manos a la obra!

Hacia un perfil del docente creativo

"Todas las acciones tienen consecuencias e influyen en los valores, las personas y el mundo que nos rodea."
E. DE BONO

La labor docente, fundamentalmente en los países latinoamericanos, es ardua. Encontramos en nuestros estudiantes dificultades de tipo social, cultural, psicológico, con los cuales, tarde o temprano, nos comprometemos. Muchas veces llegamos al extremo de interiorizarlos de tal manera que forman parte de nuestros principales problemas; y es que si bien es cierto que nuestra formación pedagógica no nos facilita los instrumentos suficientes para estas situaciones, también es cierto que nuestra vocación de maestros nos compromete a intentar resolver los problemas de nuestro grupo.

Encontramos en nuestros estudiantes dificultades de tipo social, cultural, psicológico, con las cuales nos comprometemos.

El docente creativo debe cuestionar permanentemente su relación con los alumnos. Una interesante técnica es formularse a sí mismo las preguntas que refiere *Carl Rogers* en una célebre conferencia titulada: *Preguntas que me haría a mí mismo si fuera maestro*:

a) ¿Soy capaz de ingresar en el mundo interno de una persona que crece y aprende?, ¿de observar y apreciar este mundo sin juzgarlo?

b) ¿Puedo permitirme ser una persona auténtica con estos jóvenes y asumir el riesgo de mantener con ellos una relación abierta y expresiva, en la cual ambas partes podamos aprender?

El auténtico facilitador del aprendizaje ayuda a la mayor realización de los potenciales de sus alumnos.

c) ¿Puedo descubrir los intereses de cada individuo y permitir que ellos los sigan hasta donde puedan llegar?

d) ¿Puedo ayudar a que los estudiantes mantengan una de sus posesiones más valiosas, que es su amplia y persistente curiosidad acerca de sí mismos y del mundo que los rodea?

e) ¿Puedo ser creativo al ponerlos en contacto con la gente, las experiencias, los libros y recursos de todo tipo, que estimulen su curiosidad y nutran sus intereses?

f) ¿Puedo aceptar y fomentar los pensamientos raros o insólitos y los impulsos y expresiones absurdas, tomándolos como exploradores del aprendizaje y como intentos de actividad creativa? ¿Puedo aceptar las personalidades diferentes y originales que producen estos pensamientos creativos?

g) ¿Puedo ayudar a los alumnos a que sean de una sola pieza (integrados), permitiendo y aceptando la interpretación de sentimientos con ideas y de ideas con sentimientos?

Rogers concluye: «Si por ventura pudiera contestar afirmativamente a todas estas preguntas, entonces creo que sería un verdadero facilitador del aprendizaje ayudando a la mayor realización de los potenciales de mis alumnos.»

Por otro lado, es importante que desde las primeras sesiones, los alumnos se sientan protagonistas del proceso de enseñanza-aprendizaje. Se debe averiguar al inicio: ¿qué esperan del curso?, se pide que lo escriban, y si el grupo no es muy grande se leen los resultados.

Los alumnos son verdaderos protagonistas del proceso de enzeñanza–aprendizaje.

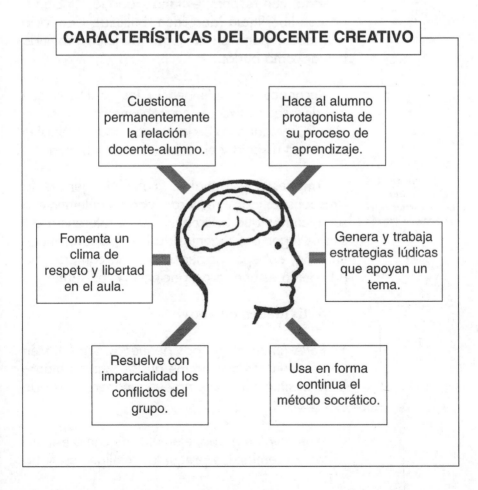

CARACTERÍSTICAS DEL DOCENTE CREATIVO

Cuestiona permanentemente la relación docente-alumno.

Hace al alumno protagonista de su proceso de aprendizaje.

Fomenta un clima de respeto y libertad en el aula.

Genera y trabaja estrategias lúdicas que apoyan un tema.

Resuelve con imparcialidad los conflictos del grupo.

Usa en forma continua el método socrático.

El docente creativo aplica continuamente el método socrático, pues está convencido de que la pregunta es mucho más estimulante que la afirmación.

Convencido de que la creatividad tiene bases lúdicas, da cabida al juego sano y a todo lo que con él se relacione.

Asegura desde la primera reunión un clima de libertad, con respeto, evitando todo lo relacionado con libertinaje (desorden, bullicio). Con tacto y firmeza, pone en su lugar a quien pretenda actuar como burlón.

Reconoce con inteligencia los conflictos que por diversos motivos, e inevitablemente, surgen en el aula, ayudando a esclarecerlos. Mantiene así el recíproco respeto y el ambiente de confianza.

La creatividad tiene sus bases en la perseverancia, el empeño, la entrega y la paciencia.

Amonesta y penaliza con inteligencia la irresponsabilidad, recuerda permanentemente a sus alumnos que la creatividad, a diferencia del simple ingenio o ingeniosidad, es perseverancia, empeño, entrega, paciencia y sana competencia («El genio es una larga paciencia», Edison).

Actividades de apoyo

- *Reflexionen en grupos pequeños:* ¿qué hacen mis alumnos que no me gusta?, ¿cómo manejo la situación?, ¿no hay una manera mejor de hacerlo?

- *Presenten en grupo,* ejemplos de cómo estimular y premiar las preguntas inteligentes, y no sólo las buenas respuestas. Discutir acerca del tema: «Cómo recompensar el pensamiento creativo».

- *Formen* un elenco de las principales creaciones de sus alumnos. Analícenlo y consideren la manera de ampliarlo.

- *Idear cuatro* (o más) modos de propiciar y desarrollar las conductas verbales.

- *En grupos* pequeños redactar un breve artículo titulado: "Diez maneras de convertir el salón de clases en un laboratorio".

- *En grupos* inventen juegos de salón, que impulsen la práctica de un tema determinado.

Ser un profesor mejor y más creativo

"La imaginación es más importante
que los conocimientos."
A. Einstein

Luego de una concienzuda lectura del presente texto, y al llegar a este punto, tal vez alguno se esté preguntando: ¿Puedo llegar a ser el docente-facilitador del que se habla? ¿Es posible que mi estilo pedagógico influya en la conducta creativa de mis discípulos? ¿Puedo entonces influir en ellos y lograr seres creativos?

La posibilidad de conversar con una gran cantidad de docentes de diversas especialidades me permite afirmar que inclusive los más experimentados docentes se han hecho esta pregunta más de una vez; esto especialmente cuando tienen la oportunidad de observar la técnica magistral de un(a) colega, en el que perciben vitalidad, seguridad, elegancia, buen humor, etc.

Si la intención del docente es desarrollarse y promover la enseñanza creativa, no lo logrará a través de la búsqueda de una clase silenciosa, sometida y tranquila; tampoco demostrando que es un sabelotodo y que si no hay preguntas es porque se le entendió en un cien por cien. Debe buscar permanentemente el interés de sus alum-

Las trabas para la promoción de una educación creativa son: una clase silenciosa, sometida y tranquila.

nos, la entrega de los mismos ante su estilo de aprendizaje y la consiguiente alegría de asistir a su clase.

Los procedimientos, las técnicas e instrumentación que genere el docente, así como la metodología que maneja en el aula son personales.

El joven docente tiene presente en sus primeros años de actividad la metodología de sus mejores maestros, esto le permite transformarse de manera inconsciente a través del tiempo en un nuevo profesor como resultado de la reproducción de las técnicas y materiales que considera óptimos, para lograr una nueva metodología que sea auténtica.

Debemos observar nuestras virtudes y defectos tanto en las técnicas como en los instrumentos que se usen en nuestras sesiones pedagógicas

El asunto central en todo este proceso de transformación y descubrimiento está en que el docente debe ser consciente en todo momento, para lo cual se deben establecer objetivos de mediano y largo plazos. Debemos observar nuestras virtudes y defectos tanto en las técnicas como en los instrumentos que se usen en nuestras sesiones pedagógicas.

Este alumno aprende

A este alumno le enseñan

El estilo pedagógico es personal, es decir no existe una fórmula precisa para que cada docente lo invente; depende de las influencias pedagógicas, la formación profesional y de las capacidades de la personalidad. Sin embargo, la experimentación y la investigación, han concluido en ciertos principios que de seguirlos, nos favorecerían en la autoconstrucción de un docente creativo.

Algunos principios fundamentales

Precalentamiento

Es una condición fundamental para la actividad creadora. El precalentamiento se desarrolla a partir de una primera producción, para luego producir otra situación a partir de la anterior, y así sucesivamente. Se presenta también cuando se genera una lluvia de ideas.

Un ejemplo de precalentamiento progresivo es la técnica *de Sound and images* (Sonidos e imágenes) de Cunnington y Torrance. Consiste en presentar de manera progresiva sonidos desde los más simples hasta los más extraños, el primer sonido es fácil de reconocer, los siguientes son más complicados de reconocer o en todo caso es una composición de varios sonidos simples.

En la técnica de Sound and images, los alumnos tienen que asociar a los sonidos una idea o sentimiento.

Los alumnos tienen que asociar a los sonidos una idea o sentimiento, luego se reinicia la secuencia de sonidos pero esta vez se exige un poco más de imaginación en la respuesta, en ocasiones las respuestas de los alumnos son absurdas, y en otras, impresionantes; lo más importante es que ellas deberán ser tomadas con cuidado por el docente, considerando que son el resultado de un pensamiento divergente; además una reacción desagradable para el alumno bloqueará a todo el grupo. Esta técnica se aplica también con las imágenes y con frases o palabras.

La amenaza de la evaluación

Uno de los más fuertes frenos de la capacidad de pensar es la evaluación externa, ésta cierra las puertas de la libre imaginación y limita los pensamientos a situaciones obvias, cotidianas y comunes que nos alejan del peligro del error. El niño lo siente desde los primeros años de su vida, tanto en casa como en los primeros años de la etapa escolar. Por si fuera poco, luego del cuarto grado se sienten incapaces de hacer una actividad sin ser evaluados y predeterminan su éxito al resultado del mismo sin considerar el procedimiento. Cuestionan todos los pasos de sus diversas actividades con un permanente pánico al error.

Cuando el niño no es sujeto de evaluación externa, desarrolla con mayor libertad sus capacidades creativas.

Recientes experimentos han demostrado que cuando el niño nos es sujeto de evaluación externa, desarrolla con mayor libertad sus capacidades creativas. Cuando los niños son conscientes de que las actividades no serán evaluadas le dedican más atención a los procedimientos que al resultado; sin embargo, cuando el alumno está sometido a la evaluación externa, ajusta sus esfuerzos hacia el logro de la sola aprobación.

Invitación a la regresión

Luego de diversas investigaciones se ha llegado a la conclusión de que la creatividad aflora

con intensidad cuando se involucra el buen
humor, el infantilismo y la fantasía; es decir, sentir que las cosas se hacen por diversión y con
libertad.

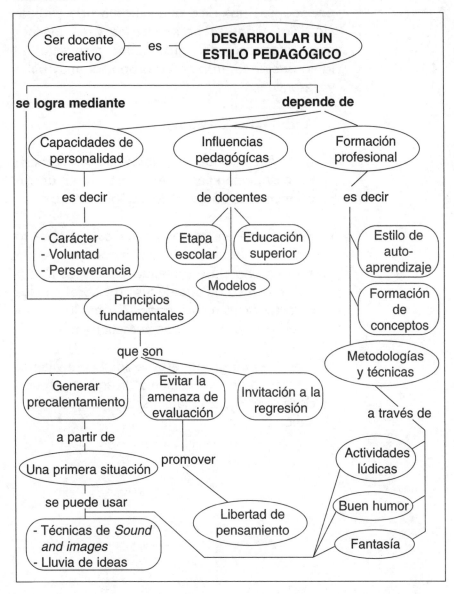

La presión de los procesos evaluativos en los niños genera en muchos casos la posibilidad de trabas mentales.

Esto refuerza más la idea de la enseñanza con estrategias lúdicas, en las que el docente-facilitador desarrolla técnicas pedagógicas en la modalidad trabajo-juego. Nuestra experiencia pedagógica nos dice que durante una evaluación, los niños se ponen tensos y en muchos casos incapaces de articular una respuesta, en tanto que en un trabajo de grupo son muy útiles y desenvueltos.

Actividades de apoyo

- *Reflexión individual*: ¿cuáles son las características personales que favorecen el descubrimiento de un estilo pedagógico eficaz?

- *Reflexionen en grupos pequeños*: ¿cuál es la actitud de los alumnos ante un docente que desarrolla una clase sometida y silenciosa?, comenta acerca de uno de tus profesores con las características mencionadas, ¿cómo lo recuerdas?, ¿cómo deseas que te recuerden?

- *Presenten en grupo*: estrategias que inviten al desarrollo del pensamiento divergente en una clase con 20 a 25 alumnos, con características lúdicas.

Creatividad
en el uso
de materiales

"Los materiales, desde un principio condicionan la construcción de los aprendizajes por los alumnos."
TOMÁS SÁNCHEZ INIESTA

Se sabe que el aprendizaje se genera significativamente cuando el estudiante desarrolla una vivencia con una serie de elementos concretos, los cuales manipula, bajo la supervisión del *facilitador* (docente), quien hace posible la construcción del nuevo conocimiento; a su vez el facilitador debe ser consciente de que el protagonista del proceso es el **alumno**. El docente dispone de dos tipos de materiales:

El facilitador debe ser consciente de que el protagonista del proceso de aprendizaje es el alumno.

- Elementos concretos (reales).

- Las representaciones de elementos concretos: mapas, fotografías, modelos a escala, etc.

Para este tipo de situaciones tengamos presente que los elementos concretos no deben ser muy elaborados. Es como cuando a un niño le obsequiamos un juguete electrónico, le impresiona inicialmente pero luego de un momento, como siente que sólo es un espectador del mismo, lo abandona; en cambio si le alcanzamos un simple rompecabezas, lograremos despertar sensaciones como interés, competencia, reto; es decir, lo más simple puede ser lo más valioso; las cosas sencillas, como una fruta, un animalito, un pedazo de metal, pueden resultar sumamente estimulantes y eficaces si se tienen en las condiciones requeridas y en el momento adecuado.

A continuación se describen algunos elementos auxiliares, así como determinadas sugerencias para su mejor uso:

La pizarra

Una pizarra bien utilizada muestra una combinación adecuada entre texto e ilustraciones.

En composición con la elocución del docente, es el primer audiovisual, considerando los siguientes aspectos:

- La correcta adherencia del gis (tiza), unida a la facilidad de borrar sin dejar huellas.
- El tamaño: que sea proporcionado a las dimensiones del aula.
- La ubicación: de acuerdo con la iluminación del ambiente y con los correspondientes ángulos y distancias, evitando los reflejos de la luz exterior.
- Dividirla convenientemente en zonas verticales (3 o 4).
- La combinación adecuada entre texto y las ilustraciones: sin aglomerar; con textos cortos; usando a veces gises de colores y de ser posible signos y símbolos.
- El tipo de letra: legible, atractivo y con variaciones en el tamaño para evitar la monotonía.

Las pizarras blancas son preferibles al pizarrón tradicional, y los plumones a los gises, son más limpios, y los colores más vivos.

Si es necesario se debe escribir en la pizarra, previo al inicio de la clase, las pautas necesarias para la misma, con el fin de hacer la sesión más dinámica.

A veces, escribir una simple pregunta o un diagrama de pocas líneas estimula al grupo, si el maestro sabe usarlos como plataforma de lanzamiento de problemas y como resorte para la discusión.

Láminas, carteles

La ayuda visual en estos tiempos (y siempre), es un elemento importante en el proceso de aprendizaje. Son muy provechosos para representar de forma objetiva conceptos o procesos no muy sencillos para los alumnos.

Algunas sugerencias:

- Lograr un equilibrio entre el texto (imagen o rótulos) y los espacios en blanco, considerando el grado hacia el cual está dirigida la lámina.
- Exponer cada lámina en el momento conveniente, mantenerla presente durante el tiempo necesario.
- Tener cuidado de que no distraiga cuando se están tratando otros ítems.
- Señalar con un puntero los aspectos importantes conforme sean comentados.

- El dinamismo y el color deben ser la característica gráfica de nuestros carteles.

Las láminas son más significativas para el estudiante si son elaboradas por él.

Respecto de este elemento auxiliar, debemos comentar que es más significativo para el estudiante si es elaborado por él, mucho mejor aun cuando es trabajado en equipos. Si bien es cierto que la mayoría de los docentes trabaja de esta manera, no se establecen los elementos necesarios para su ejecución tales como, generar investigación previa, tratamiento y análisis de información; y por otro lado no se explota el mural resultante para formalizar conceptos y procesos. También permite reforzar valores como compromiso, responsabilidad, organización, etc.

Proyector de transparencias

Sobre todo para la información (textual, gráfica) preparada anticipadamente y que es importante o cuya preparación por el docente sería incómoda al momento de la clase. Las transparencias son un estupendo recurso.

Propiciar la expresión verbal es la mejor escuela de creatividad.

Si en el centro educativo no existe un proyector de transparencias, más allá de adquirirlo, puede ser un extraordinario pretexto para confeccionarlo en equipo (o equipos), bajo la supervisión del docente especialista en Física.

Textos, libros

Se ha dicho que: *propiciar la expresión verbal es la mejor escuela de creatividad.* La lectura comentada en equipos, es el ejercicio mental que permite el tratamiento, selección, organización, síntesis y evaluación de conceptos y procedimientos.

Con sólo plantear algunas preguntas referentes a la lectura, tales como: ¿cuál es la idea central de este párrafo o texto?, ¿es coherente o contradictorio con los conceptos estudiados anteriormente?

Es necesario lograr la participación individual y colectiva de todos. Considerando el grado académico de los alumnos, se debe exigir los diversos niveles de comprensión lectora; es decir, *linealidad* (lo que dice el texto), *interlinealidad* (lo que nos quiere decir el autor), *extralinealidad* (lo que se deduce del texto).

Cintas de sonido y video

El manejo de estos auxiliares debe ser de cuidado, pues en exceso generan pereza y pasividad. Se sugiere que su uso sea alternado con la participación de los alumnos por grupos, con la dirección permanente y activa del docente (facilitador).

La intención de las cintas de sonido y video es presentar evidencias o resultados de investigaciones, los cuales deben ser discutidos en todo el grupo o en mesas de trabajo. Sería interesante que los resultados de cada grupo sean presentados y expuestos ante todos los alumnos.

Los temas relativos a la problemática juvenil pueden ser tratados a través de videocintas, que ofrecen mayor realismo y permiten establecer un nexo directo del adolescente con la realidad concreta.

Los temas relativos a la problemática juvenil pueden ser tratado a través de videocintas, que ofrecen mayor realismo.

La pedagogía moderna exige que el protagonista del proceso de aprendizaje sea el alumno. El protagonismo será del docente, mientras sea éste quien manipule los elementos auxiliares y convierta a sus alumnos en meros espectadores. Debemos fomentar que sean ellos quienes utilicen el material didáctico y que con el tiempo se habitúen a no ser elementos pasivos de su propia educación.

El mejor material didáctico es el elaborado por él.

Tengamos presente que el mejor material didáctico no es necesariamente el más elaborado, porque tal vez el estudiante en vez de aprender con él, sólo lo está viendo funcionar, es decir lo convierte en espectador mas no en actor, y nuestro país más que espectadores necesita actores.

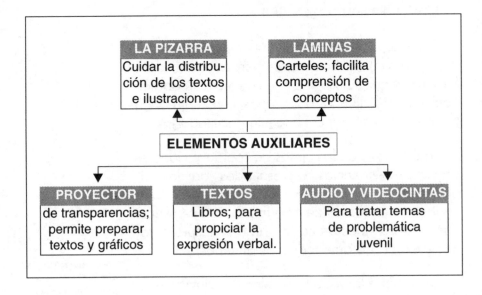

Actividades de apoyo

- *Conversen en parejas*:
  - Cómo mejorar el equipo didáctico de su centro educativo.
  - Cómo mejorar el uso del equipo didáctico disponible.

- *Trabajo en grupo*: con el apoyo del docente especialista en Física; construir un retroproyector casero, el cual será usado en el aula. Transmitir la experiencia a nuestros alumnos.

Estímulos y trabas para el desarrollo de la creatividad

"En lugar de enseñar primero al niño datos sobre otras cosas, deberíamos enseñarles antes datos sobre cómo puede aprender, pensar, recordar y crear."

TONY BUZAN

El medio de florecimiento natural de la creatividad es la sociedad, por ende en ella se desarrollan agentes favorables (esquema cultural innovador) y desfavorables o tóxicos letales (ambiente refractario a lo nuevo).

Agentes desfavorables

En los diversos niveles educativos es notorio el uso predominante de *frases suicidas*, sobre las ideas propias y *frases asesinas*, acerca de las ideas de los demás (Ariel Guerrero, 1992). Es poco lo que se puede esperar de nuestros estudiantes y el cuerpo magisterial ante el uso indiscriminado de dichas frases.

Es poco lo que se puede esperar de nuestros estudiantes y el cuerpo magisterial ante el uso indiscriminado de las frases suicidas.

Mencionamos a continuación una lista (lamentablemente larga) de frases que van en contra de nuestras propias ideas:

Frases suicidas

- No creo que importe mi opinión.

En la escuela los obstáculos para la creatividad son la disciplina y el orden exagerados.

- A lo mejor esto no funciona.
- Creo que debo investigar más para poder dar una opinión al respecto.
- Es probable que esto no ayude pero...
- No estoy muy familiarizado...
- A lo mejor no les parece...
- Pero prometan que no se reirán...
- Puede que esto no se aplique en este caso...
- Les presento esta idea para que analicen sus fallas...
- No creo que les sea útil...
- Aunque varios de los aquí presentes no estén de acuerdo conmigo...
- ¿Sería contraproducente si...?

Frases asesinas

- No creo que lo acepten.
- Lo hemos probado pero no resultó.
- ¿Y cuál es la novedad aquí?
- Sí, pero...
- Si fuese una gran idea ya la hubieran planteado.
- Esto es una locura.
- Me parece que se excede del presupuesto.
- Van a pensar que somos incapaces y locos.
- A mí no me va a enseñar ningún jovencito cómo llevar esto.
- Mejor esperamos para ver qué ocurre.
- ¿Para qué cambiar? Todo va bien.
- Es inaplicable.
- El reglamento no lo permite.
- ¡Ja, ja, ja!
- Ese no es nuestro problema.
- Bueno, ahora dejemos de decir tonterías.

- ¿Y quién lo va a hacer?
- No tenemos personal para ello.
- Demasiado antiguo.
- No es mala idea, pero...
- No vamos a tener tiempo para eso.
- Seamos realistas.
- No tenemos presupuesto.
- Esto no aparece en el manual.
- . Demasiado académico.
- Pero ese no es el problema.
- ¿Estamos preparados para eso?
- Demasiado complicado.
- No va a funcionar esto.
- Preséntelo por escrito.
- Cambio de tema.
- (Silencio).

Muchas veces las personas que proponen una novedad, no son aceptadas por sus contemporáneos, pues prefieren la seguridad de lo conocido a la inseguridad de lo desconocido.

Toda frase o comentario exagerado o malintencionado, apoya en el bloqueo del desarrollo de las capacidades creativas de una persona, genera factores inhibidores que pueden ser psicológicos y sociales:

Factores psicológicos o internos

- Inseguridad, contraria a la confianza en uno mismo; sentir exagerado temor a las críticas, al ridículo, a cometer errores, a la autoridad.
- Resistencia al cambio, exagerado respeto a las normas rígidas e invariables; temor a sentirse diferente y a admitir que los demás lo sean; derrotismo.
- "Expertismo" técnico, moldes estereotipados impuestos por el trabajo cotidiano, que conllevan a una incapacidad entrenada; pragmatis-

mo vicioso que centra todo en los resultados y el éxito por vía técnica, con rechazo de la actitud lúdica, del juego divertido, generador de innovaciones. Atrapado en sus esquemas mentales.

Factores sociales o externos

Los factores de bloqueo también se pueden clasificar en: perceptuales, emocionales y culturales.

- Presiones destructivas, que provocan inseguridad, intentan descalificar, ridiculizar, amenazar y castigar la respuesta inesperada.

- Presiones conformistas a través de situaciones rutinarias, modelos, normas y órdenes que agreden el placer del descubrimiento por uno mismo y la actitud de responsabilidad personal; fomentan la rigidez intelectual.

- Indiferencia del ambiente, apoyo implícito al pensamiento lógico de manera exclusiva, atrofia de la creatividad por falta de uso.

Los factores de bloqueo también se pueden clasificar en: perceptuales, emocionales y culturales. Los primeros junto con los emocionales forman el grupo de factores psicológicos (internos), mientras que los culturales son los sociales (externos).

Analicemos algo más: cuando fracasa un proyecto que fue aprobado por un grupo de docentes, alumnos, etc., los supervisores del grupo manifiestan actitudes que terminan por enterrar los intentos de generar ideas creativas, pues provocan:

Desesperación
Búsqueda del culpable
Castigo a los inocentes
Desilusión
Premio a los neutros

En los integrantes del grupo se generan reacciones negativas tales como:

- Evasión provocada por el miedo a alguna consecuencia perjudicial o castigo.
- Ansiedad, representando el papel de mártir prematuramente.
- Hostilidad y agresión, de sarcasmo a sabotaje.
- Huida física, por cambio de sección o renuncia.
- Adaptación acomodaticia, simulando otra posición al respecto.

Agentes favorables

No es muy común (lamentablemente), encontrar reacciones positivas, pero las personas con la capacidad para planteárselas comienzan por el análisis personal, adquieren así la capacidad de la autocrítica y difícilmente cometerán el mismo error, adquiriendo mayor experiencia y, por consiguiente, mayor creatividad; aprenden a vender sus ideas y a desarrollar *una mercadotecnia personal*, características que las encaminan a convertirse en personas de éxito.

Las personas con la capacidad de reaccionar positivamente comienzan por el análisis personal.

Presentamos a continuación algunos de los factores estimulantes que se manifiestan:

Es importante tener paciencia y sabiduría para lograr mantener el ambiente de creatividad generado en un grupo.

Popularidad: ante el éxito logrado, todo el entorno intenta ser creativo, incluyendo la competencia.

Beneficios: directos e indirectos tales como los económicos, el prestigio, mejora de la imagen personal e institucional.

Solicitan colaboración, comparten etapas y "laureles" del proyecto.

Riesgo: es importante tener gran cantidad de paciencia y sabiduría para lograr mantener el ambiente de creatividad y desarrollo que se generó en el grupo, pues estamos en una sociedad en la que la rutina y la técnica cotidiana ofrecen menos riesgos que la creatividad, por lo menos aparentemente y a corto plazo.

Actividades de apoyo

* *En grupo*: hacer una lista de las cuatro principales trabas que usted percibe en su centro educativo (en las que tenga que ver usted) que atenten contra la creatividad, y establezca una estrategia para superarlas, comparta la dinámica creada con otros grupos y mejórela.

* *Trabajo individual*: elabore un ensayo cuyo tema sea: "De la enseñanza tradicional, hacia una enseñanza creativa".

* *En pequeños grupos*: generen una discusión, sobre la base de testimonios personales, acerca de las trabas que se manifiestan en un aula de clases y de las posibles consecuencias que conlleva.

¿Cómo diagnosticar la creatividad?

"La creatividad aumenta el valor y la consistencia de la personalidad; favorece la autoestima y consolida el interés por la vida y la presencia en el mundo." MAURO RODRÍGUEZ E.

Es evidente la curiosidad por saber qué tan creativos somos o qué grado de creatividad tienen nuestros hijos o familiares. A un gerente le convendría saber el nivel de creatividad de cada uno de sus trabajadores con el fin de utilizarlos en todo su potencial. El director de un centro educativo quisiera saber el nivel creativo de sus profesores.

Al docente le interesa saber cuál es su nivel de creatividad.

Si para evaluar el tan escuchado Cociente Intelectual (I.Q.) se ha elaborado una regular cantidad de tests es evidente que deberíamos tener acceso a procedimientos que evalúen la creatividad.

Para ello debemos tener en cuenta que la creatividad es un elemento que está adherido a situaciones diversas, es decir ¿queremos evaluar la creatividad?, ¿cuál: la verbal, la musical, la comunicativa, ...?, ¿qué vamos a evaluar de ella: la iluminación, la ejecución, la totalidad del proceso?

Hay otro asunto que se debe tomar en cuenta: para evaluar un trabajo es necesario previamente establecer una norma o patrón que separe lo correcto de lo incorrecto. Si se considera que *la creatividad es la generación de la novedad*, ésa se resistirá a las normas que se establezcan, cualesquiera que fuesen.

Los factores más importantes de la creatividad son: la fluidez, la flexibilidad y la originalidad.

Sin embargo, a pesar de los planteamientos anteriores es posible ser *creativos* para evaluar algunos de los factores relacionados con la creatividad. Son tres los elementos que se analizan: la *fluidez*, la *flexibilidad* y la *originalidad*.

La fluidez es la capacidad de mostrar un mayor número de respuestas en un tiempo determinado, respecto de un grupo de personas. Las diferentes categorías a las que corresponden las respuestas nos darán la flexibilidad. La originalidad estará presente a través de las respuestas raras pero acertadas.

Los estudiosos más importantes de la creatividad, han desarrollado diversos tests, todos con el fin de evaluar una o más de las características mencionadas. Presentamos como ejemplo uno que intenta la evaluación integral de dichos factores.

El test de consecuencias

Fue elaborado por Christensen, Merrifeld y Guilford.

Presenta una por una, diez situaciones inesperadas y fantásticas, teniendo para responder a cada una de ellas dos minutos exactos, tiempo en el cual debe escribir todas las consecuencias que se le ocurran ante semejante situación.

La puntuación está dada por el número total de respuestas (lo que evalúa la fluidez), previamente se ha excluido, a juicio del instructor, las inválidas (falsa o repetitiva).

Una segunda calificación consiste en agrupar las respuestas en clases o categorías y contar las clases. Esto permite medir la flexibilidad del pensamiento.

Una tercera calificación es la de la originalidad, es conveniente cuando el número de participantes del test es numeroso (algo más de 100). Se calculan los porcentajes de las respuestas obtenidas, serán originales aquellas dadas por menos del 5% de los participantes.

Si no podemos predecir el futuro, por lo menos podemos prepararlo.
G. ANCAROLA

Test de consecuencias

Escribe todas las consecuencias que te puedes imaginar:

1. Si nadie necesitara comer para vivir.
2. Si la humanidad perdiera su tendencia gregaria, y todos prefirieran vivir solos.
3. Si una gran parte de las tierras fértiles del país se tornaran áridas y desérticas. (Se adaptó del original).
4. Si repentinamente todo el mundo perdiera el sentido del equilibrio, y fuera imposible estar de pie un solo momento.

5. Si el hombre perdiera la capacidad de seguir reproduciéndose.
6. Si de pronto, toda la Tierra se cubriera de agua, a excepción de unas cuantas montañas.
7. Si toda la gente perdiera de improviso la capacidad de leer y escribir.
8. Si la vida humana sobre la Tierra fuera eterna.
9. Si la fuerza de gravedad se redujera repentinamente a la mitad.
10. Si de pronto y definitivamente, no se pudieran usar brazos y manos.

Más que la capacidad creativa de las personas, debemos apreciar el valor creativo de sus ideas.

Es en las sesiones grupales de creatividad donde el grupo percibe a uno o más de sus integrantes con características creativas. En la práctica, una de las situaciones que nos debe interesar más que la capacidad creativa de las personas, es el valor creativo de una idea manifestada.

Presentamos para el caso *Evaluation Checklist* elaborada por el Instituto *Princeton Creative Research Inc.* Se basa en el método socrático:

1. ¿Has considerado todos los beneficios y ventajas de la idea?, ¿hay necesidad de ella?
2. ¿Has determinado los problemas y las dificultades que tu idea va a resolver?
3. ¿Es tu idea realmente original y nueva, o es una combinación de elementos ya conocidos, es decir una adaptación?
4. ¿Qué beneficios y resultados pueden anticiparse inmediatamente y a corto plazo? ¿Valen la pena? ¿Son los riesgos moderados y aceptables?

5. ¿Has analizado la solidez operativa de la idea? ¿Está la institución en la posibilidad de realizarla?

6. ¿Has analizado eventuales fallas y limitaciones de la idea?

7. ¿Podría la idea originar algunos problemas? ¿Qué tipos de cambios implica?

8. ¿Has considerado los factores económicos de la implementación? ¿Qué personal involucraría? ¿Qué departamentos?

9. ¿Qué dificultades implica su realización?

10. ¿En qué medida engrana la idea con el actual accionar de la organización?

11. ¿Podrías señalar algunas variantes de la idea, de modo que quienes la han de juzgar sientan libertad de elección?

12. ¿Crees que tendrá incidencia en el mercado? ¿Qué tan preparado está el mercado para ella? ¿Consideras que es el momento oportuno?

13. ¿Qué está haciendo la competencia en esta área?

14. ¿Has considerado las posibles resistencias y dificultades de los usuarios?

15. ¿Es compatible con los demás productos y con las políticas de la compañía? ¿Está de acuerdo con los objetivos?

16. ¿Hay algunas circunstancias especiales de la organización que hagan difícilmente aceptable la idea?

17. ¿En qué lapso puede iniciarse la realización o implementación?

En el cuidado que se ponga a las ideas que desarrollemos, estará el éxito del proyecto.

Es evidente la rigurosidad del cuestionario anterior. Su intención es evitar ignorar algún aspecto de nuestra gran idea y poder manejar la suficiente cantidad de información para sustentarla con solidez.

Actividades de apoyo

- *Investigación en grupo*: enumeren las instituciones y actividades que se desarrollan en el país en pro de la creatividad.

- *Establecer objetivos*: ¿en qué campo te gustaría ser altamente creativo? ¿Cuáles serían tus logros si se diera este caso? ¿Cómo cambiaría tu vida si lograras el nivel deseado? Sobre la base de las preguntas anteriores desarrolla un ensayo denominado *"Hacia la formación de un ganador"* (no más de dos páginas).

- *Creación*: luego de seleccionar al azar tres imágenes de revistas (que te agraden), redacta un cuento que se relacione con ellas, debe ser corto y original. Si deseas exigir un poco más a la creatividad, señala un tema sobre el cual debe tratar el cuento.

- *Proyectándonos*: escribe ocho títulos que crees se leerían en los diarios del año 2250. Compáralos con los de tus compañeros, ¿encuentras algunos similares?

- *En grupos*: discutan en grupos ¿cuál sería la forma de vida en el año 2250?

Parte 4
REFLEXIONES, TALLERES Y ANEXOS

Todos somos en principio creativos, pero esa creatividad va siendo inhibida en un medio hipercrítico. La creatividad surge en ambientes permisivos. De hecho el camino real hacia la creación es el juego, por eso los adultos no deberían avergonzarse de jugar como niños; por el contrario, deberían avergonzarse de no jugar.

Sigfrido Samet

Taller de creatividad para educadores

"El niño no es una botella que hay que llenar,
sino un fuego que es preciso encender".
MONTAIGNE

A continuación presentamos la estructura general de un taller para el desarrollo de la creatividad diseñado por la doctora *Galia Sefchovic*, quien ha dedicado su vida a despertar la creatividad de niños y adultos.

Una situación que marca el impulso en el ser humano para desarrollar su potencial creativo es la participación en un taller creativo.

Estructura general

El taller está constituido por tres partes en cada una de las sesiones de trabajo:

I. Aspectos teóricos de interés para el grupo.
II. Dinámica(s) de desarrollo de las capacidades creativas.
III. Integración y puesta en común de la(s) experiencia(s).

I. Los aspectos teóricos, incluyen exposiciones o lecturas previas acerca de conceptos, tales como:

- Fundamentos y bases psicológicas y fisiológicas de la creatividad.

143

- Historia del desarrollo creativo, evolución y creatividad.

- Panorama general sobre la investigación de la creatividad.

- Aplicación del proceso creativo en la escuela, entre otros.

Los contenidos teóricos para cada taller deben seleccionarse de acuerdo con el interés del grupo participante.

Es importante considerar que los contenidos teóricos para cada taller deben seleccionarse de acuerdo con el interés del grupo participante: si está formado por pedagogos y educadores, por empresarios, o si es un grupo heterogéneo.

Para el inicio de la segunda fase de trabajo, es importante lograr un clima de mutua confianza tanto entre integrantes del grupo como con el facilitador; es preferible tomarse un tiempo más en la etapa anterior hasta que se asegure el ambiente requerido.

II. La segunda etapa comprende la práctica, la vivencia del proceso creativo a partir de la técnica elegida para el caso y la interacción entre los participantes, los elementos que se han de usar y el ambiente generado. Estos ejercicios incluyen momentos de trabajo personal o en parejas, tríadas o equipos, o en todo caso del grupo en su totalidad.

III. La tercera etapa es la puesta en común, o integración de la vivencia, es decir, la apreciación de cada integrante al finalizar los ejercicios. Esto debe surgir en forma espontánea con la intención de compartir la experiencia, y para ubicar al participante en el «aquí y el ahora» recurriendo al lenguaje verbal, ya que éste es el instrumento de comunicación por excelencia. Por otra parte, supone el uso del hemisferio cerebral izquierdo, a diferencia de las técnicas que están diseñadas para profundizar en las habilidades del hemisferio cerebral derecho.

Esta tercera etapa permite a los integrantes confirmar sus vivencias y las tomas de conciencia o autoconocimiento que hayan aparecido durante la dinámica; durante este periodo, el facilitador sólo escucha.

Conviene aclarar que este momento no es para responder a preguntas relacionadas con las exposiciones teóricas o las lecturas previas al taller, ya que tales preguntas tienen su tiempo y su espacio durante la teoría, o bien en cualquier momento en que el grupo lo solicite, lo importante es que no se invada el espacio de la integración de la experiencia; sin embargo, esto es conveniente hacia el final del taller, cuando se evalúa y retroalimenta el proceso, y no durante la «puesta en común».

La puesta en común de la vivencia es el espacio para ir generando nuevos aprendizajes significativos, que serán retornados con el grupo en otra sesión, una vez que las personas estén libres afectivamente de la experiencia, es decir en condiciones de desmenuzar y analizar objetivamente las dinámicas.

La puesta en común de la vivencia es el espacio para ir generando nuevos aprendizajes significativos.

Todo el taller está estructurado de acuerdo con sus objetivos generales e incluye el momento de la apertura, la evolución, la puesta en común, la evaluación y cierre o despedida. Asimismo, cada sesión debe contemplarse según sus objetivos específicos, incluso si su tiempo de duración varía. Por ejemplo, un taller de iniciación tiene una duración promedio de 16 horas; cada «sesión» puede dividirse en espacios de trabajo de cuatro horas (si es intensivo) o bien de dos horas.

Las 16 horas completas se estructuran de tal manera que dos horas se dedican a la apertura, seis a la evolución, repartidas en tiempo para teoría y para la vivencia; dos para el cierre, divididas en tiempo para la evaluación y retroalimentación, tiempo para plantear preguntas y dudas, y tiempo para despedirse.

Las otras dos horas restantes se ocupan en descansos y se dejan como margen flexible para el trabajo de cada grupo. Por lo general, los grupos en provincias trabajan a un ritmo más pausado que los grupos de la capital o de ciudades grandes. Dentro del tiempo para la evolución se contemplan los ejercicios de creatividad cognitiva, pero puede usarse para la evaluación.

Una sesión de una hora queda repartida en 10 minutos para la apertura, 40 minutos para la evolución y 10 minutos para el cierre.

Cada sesión también se estructura de esta manera aunque los tiempos sean más cortos: por ejemplo, una sesión de dos horas queda repartida en 15 minutos para la apertura, 60 minutos para la evolución y 30 minutos para el cierre (evaluación, retroalimentación, preguntas, etc.); o bien 15 minutos para la apertura, 50 para la evolución y 40 para el cierre, de acuerdo con los ejercicios programados.

Esta distribución del tiempo es la que se utiliza generalmente, pero se puede variar y ajustar con base en las necesidades del grupo. Un facilitador hábil sabrá «leer» y responder a las necesidades de cada participante en particular y del grupo en general.

Es importante que el grupo tenga una idea general de lo que se hará en el taller. Por lo regular, el facilitador se plantea una hipótesis de trabajo antes de conocer al grupo, y también los participantes generan expectativas antes de conocerse entre sí y de conocer al facilitador.

Así, es importante armonizar las hipótesis del facilitador con las expectativas de los participantes, de manera que se pueda encontrar un lenguaje común que acorte las distancias y permita ubicarse en la realidad. Es siempre el facilitador quien se adapta a las necesidades del grupo y de cada participante; incluso si tiene que modificar por completo el plan de trabajo, si es que su hipótesis estaba equivocada.

El facilitador es quien siempre se adapta a las necesidades del grupo y de cada participante.

Hay muchas maneras de ir ajustando las diferencias. La primera y la más obvia es la forma de anunciar o difundir el taller, que debe ser clara y precisa y contener los siguientes datos:

* Nombre del taller (en este caso, «taller para el desarrollo de la creatividad»).

* Nombre del facilitador y algunos datos importantes acerca de su experiencia y su currículo profesional.
* A quién va dirigido (empresarios, psicólogos, pedagogos, padres de familia, maestros, artistas, personas interesadas en desarrollar su creatividad, entre otros).
* Objetivos generales.
* Objetivos específicos o contenidos teóricos que se van a desarrollar.
* Forma de trabajo (teórico y práctico, con ejercicios de expresión global, puestas en común, integración de la experiencia, evaluación y retroalimentación, entre otros).
* Tiempo de duración (en este caso, 16 horas).
* Requisitos previos y recomendaciones (como haber participado en otros talleres, si se va a trabajar en un nivel de profundización; edad mínima, tipo de ropa, etcétera).
* Forma de inscripción (entrevista o lecturas previas).
* Lugar, horarios, costo.
* Si se va a otorgar diploma o algún tipo de constancia (esto es útil para programas de capacitación en instituciones o empresas, o bien si se trata de créditos universitarios).

Es muy importante dar informes claros y precisos, y una descripción somera del taller a las personas interesadas que se acercan por primera vez.

Una vez que el grupo se encuentra integrado, es importante tener como tiempo de trabajo desde el momento que llega el primer participante, hasta que el grupo completo se reúne; el trabajo termina cuando el último participante se retira.

Mientras todos permanecen juntos, a cada persona que llega se le entrega una carta de bienvenida que contiene una descripción de la forma de trabajo y de la distribución del tiempo; esta carta será leída después con todo el grupo con la intención de cambiar o modificar lo que sea necesario.

A cada persona que va llegando al taller se le entrega una carta de bienvenida que contiene una descripción de la forma de trabajo.

Por ejemplo, presentamos una carta usada para talleres de desarrollo de la creatividad para docentes de primer nivel.

Taller para educadores

Este curso de introducción tiene como objetivo, más que el conocimiento de nuevas técnicas, la comprensión cabal de lo que cada uno de nosotros, de una u otra manera, consciente e inconscientemente, está haciendo con el desarrollo del potencial creativo de los niños. Debemos tratar de entender durante el taller, la función que tiene en el desarrollo del potencial creativo que existe en forma innata en cada persona; para lograr este entendimiento profundo es necesario que cada uno de nosotros viva un proceso personal, a través del manejo de los materiales y del conocimiento de las técnicas básicas.

Vamos a trabajar juntos 16 horas en el taller; queremos darles una idea de la distribución del tiempo durante las jornadas de trabajo.

El taller consta de una parte teórica y una práctica; vamos a tratar de mantener un equilibrio en la cantidad de tiempo que dedicaremos a un aspecto y al otro.

Los primeros 90 minutos los dedicaremos a la teoría; una hora, a la práctica de las distintas técnicas. Y un descanso de 15 minutos. Nos vamos a incorporar luego al trabajo directamente con los materiales, y finalmente dejaremos media hora para resumir y concluir la jornada de trabajo.

Esperamos que el taller sea de provecho.

Atentamente.

Actividades de apoyo

• *Investiga*: ¿en qué instituciones observas mayor creatividad? Jerarquiza:
  - Centros educativos estatales
  - Centros educativos particulares
  - Iglesias
  - Instituciones del gobierno
  - Empresas privadas
  - Universidades
  - Programas radiales
  - Programas televisivos
  - Prensa escrita

• *Grupos de discusión*: en grupos de no más de tres discutan acerca de: ¿qué son los valores?, ¿qué relación tienen con la creatividad?, ¿es importante su vinculación con la escuela?, ¿cómo y por qué?

• *Actividad individual*: ¿cuál es el invento que en estos tiempos necesita la humanidad? Descríbelo con el mayor detalle posible.

Edward de Bono: el pensamiento lateral

"La lógica es la herramienta usada para excavar agujeros más grandes y profundos... Pero si el agujero está en el lugar equivocado no hay grado de perfeccionamiento que lo coloque en el lugar correcto".
E. DE BONO

¿Qué es pensamiento lateral (Penslat)?

Edward de Bono, su creador, lo define como una actitud y un proceso deliberado para generar ideas nuevas, mediante la reestructuración de esquemas conceptuales («intuición») y la provocación de otros nuevos («creatividad»). Se considera este como uno de los mejores métodos que desarrollan el pensamiento creativo.

De Bono centra su intención en la necesidad de que la mente sea un sistema de memoria automaximizante, situación que no se acostumbra debido a que el estilo de vida occidental nos inclina hacia el desarrollo de un pensamiento vertical, sobre la base de las leyes de la lógica.

De Bono centra su intención en la necesidad de que la mente sea un sistema de memoria automaximizante.

Haciendo un paralelo entre las dos formas de pensamiento notaremos:

PENSAMIENTO VERTICAL	PENSAMIENTO LATERAL
Convencional	Innovador
Lógico, cerrado	Natural, abierto
Etapas sucesivas correctas	Ruptura de sucesión vertical
Afirma ideas dominantes	Rechaza ideas dominantes
Selectivo de lo pertinente	Generativo de lo nuevo
(elige)	(cambia)
Desarrolla ideas enunciadas	Estimula ideas nuevas
Repite esquemas conocidos	Genera esquemas nuevos
Sistema Sí - No	Sistema PO[1]
Evita la complejidad	Maneja la complejidad

Dice De Bono: "La lógica es la herramienta usada para excavar agujeros más grandes y profundos... Pero si el agujero está en el lugar equivocado no hay grado de perfeccionamiento que lo coloque en el lugar correcto". "El pensamiento vertical es excavar en el mismo agujero, el pensamiento lateral es ensayar en alguna otra parte... No es posible mirar en dirección diferente mirando más intensamente en la misma dirección".

Un pensamiento creativo es una parte limitada del pensamiento lateral.

El pensamiento vertical no es incorrecto, es decir, no se trata de sustituirlo por el pensamiento lateral, más bien debemos manejarlo en determinadas situaciones particulares. De Bono precisa: "El pensamiento creativo es una parte limitada del pensamiento lateral, determinado principalmente por la utilidad del resultado".

---

[1]Sistema que consiste en evitar la tendencia polarizante que nos obliga a la opción entre extremos (sí–no). PO significa algo parecido a prosiga cuando se ha emitido alguna idea nueva, sin críticas ni calificativos, ni juicios de valor. (N. de la correctora.)

Los principios del Penslat

Son fundamentalmente cuatro:
* Reconocimiento de las ideas dominantes.
* Búsqueda de diversas maneras de «mirar» las cosas.
* Reducción del intenso control del pensamiento vertical.
* Aprovechamiento del azar.

Las ideas tradicionales, que se mantienen a través del tiempo como cotidianas en nuestra vida, son *ideas dominantes*. El «pensamiento lateral» propone que deben ser ubicadas para luego eliminarlas. En algunos casos se pueden considerar, tal vez, como punto de inicio; pero sólo hasta lograr una nueva idea mejor. Lamentablemente, la *adherencia* mutua del ser humano a sus *creencias*, actúa como traba del proceso innovador, aun cuando se trate de errores.

La adherencia mutua del ser humano a sus creencias, actúa como traba del proceso innovador.

Es importante que una idea dominante se identifique de manera clara y precisa, para ello es conveniente escribirla varias veces hasta lograr expresarla de forma concreta. Debemos recordar que la vaguedad hace inmune al ataque, es decir que, ciertos *factores trabadores*, decisivos e imperceptibles por costumbres, permanecerían ocultos logrando proteger a la idea dominante.

Otro mecanismo de defensa de estas ideas es la *tendencia polarizante* que nos obliga a la opción entre extremos (sí–no) situación que nos encamina a no considerar las amplias posibilidades de cualquiera de las ideas intermedias. Para esto es importante tener bien acotado el problema, con límites definidos en cuanto al ámbito de aplicación. Finalmente debemos considerar las *premisas*, hipótesis aceptadas que forman parte de nuestro *esquema cultural*; que, en la mayoría de las veces, bloquean la creatividad.

La búsqueda de diversas maneras de "mirar" las cosas implica las variantes al percibirlas y concebirlas. Para lograr esto se debe "escapar" del habitual pensamiento vertical; esto permitirá que el pensamiento creativo reestructure la información disponible.

Los rígidos controles que impone el pensamiento vertical *deben ser reducidos al mínimo.*

El tercer principio básico del pensamiento lateral manifiesta que los rígidos controles que impone el *pensamiento vertical* deben ser reducidos al mínimo. El tan mencionado "no se puede" fundamentado con argumentos lógicos, inhabilita cualquier intento ya que, con esa negativa, impide toda reestructuración, truncando el descubrimiento futuro. Hace muchos años, por razonamiento lógico se negaba la posibilidad de hacer volar a cuerpos más pesados que el aire, hasta que en 1903 los hermanos Wright lo lograron. En conclusión, el pensamiento lógico es importante pero actúa como inhibidor del proceso creativo.

Ya manifestamos en un capítulo anterior la importancia del manejo conveniente del azar para generar nuevas ideas; en este caso mencionaremos algunas técnicas para estimularlo tanto individual como grupalmente:

- Juego con ideas, palabras, imágenes y objetos, en relación con el problema en estudio.

- Sesiones creativas, lluvia de ideas, desarrollo de proyectos, etc.
- Entretejer las diferentes ideas y pensamientos que pasan por nuestra mente.
- Exposición a una gran concentración de estimulantes de la imaginación, en el estilo de una exhibición artística o técnica.

Postulados fundamentales del Penslat

En su libro *The Mechanism of the Mind*, Edward de Bono propone una interesante y documentada teoría sobre *la manera en que el cerebro llega a ser mente*. En dicho trabajo, considera la estructura y el proceso del pensamiento para *recordar; aprender y crear*. A continuación sus postulados fundamentales:

- La mente es un sistema especial denominado *superficie de memoria*, cuya efectividad es directamente proporcional con la manera como se autoorganiza la información recibida, constituyéndose en esquemas de ciclos y redes.

- La superficie especial de memoria es un sistema repetitivo y autooptimizante basado en la continuidad. Procesa la información que ingresa en ella, por interacción entre ésta y la que ya está acumulada en la mente, interacción que constituye el único proceso del que es capaz.

La superficie especial de memoria es un sistema repetitivo y autooptimizante basado en la continuidad.

- Cada trozo de información deja su rastro en la superficie de memoria, la cual actúa como un *archivo dinámico* donde queda un registro de todo lo que ocurrió en ella. Ésta estructura en cada instancia es el mejor ordenamiento con la información disponible (autooptimizante), la *sucesión de llegada* determina el nivel de la autooptimización respecto de una situación ideal, de "información completa desde el comienzo".

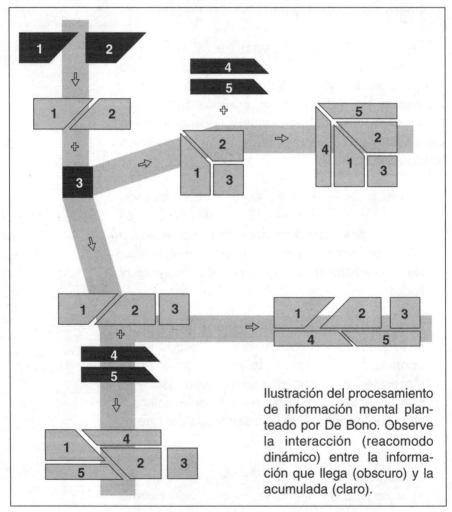

Ilustración del procesamiento de información mental planteado por De Bono. Observe la interacción (reacomodo dinámico) entre la información que llega (obscuro) y la acumulada (claro).

- Lenta y gradualmente se van estableciendo los contornos de la superficie de memoria, mediante continuidad y repetición, hasta constituir como ya se ha dicho, esquemas establecidos en circuitos y redes. Los cambios en la superficie de memoria son, por lo tanto, pequeños y simples. Se producen mediante la interacción descrita entre lo que ocurre en el instante considerado y lo ocurrido antes. No puede haber predicciones del sistema sobre el futuro, salvo que se repita exactamente el pasado.

- Las cuatro funciones básicas de la superficie de memoria son:

  • Separación y selección
  • Combinación y creación
  • Extensión
  • Sesgo de autointerés

Los esquemas en la superficie de memoria tienden a crecer en amplitud y firmeza. No existe mecanismo eficiente para borrar totalmente la información establecida en la superficie, por lo que el interés se mantiene en lo archivado previamente.

No existe mecanismo eficiente para borrar totalmente la información establecida en la superficie de memoria.

Los esquemas determinados pueden irse alejando de la realidad, y cuando esta diferencia llega a ser muy grande ocurren "cosas nuevas", con lo que el esquema inicia su cambio, luego de un largo período, pues este proceso es lento. Es evidente que resulta más fácil percibir y corregir errores grandes que pequeños, pues en ellos la información puede ser forzada de manera consciente o inconsciente con el fin de ajustarse a los errores existentes para que no se perciban las diferencias.

Así, mientras los errores pequeños no son, generalmente corregidos, los errores grandes producen una brecha que permite finalmente aceptar la información verdadera como si fuera nueva y sin establecer una relación con el erróneo esquema, al cual corrige.

- Un esquema que se establece de manera sólida y firme, resultará más útil para el pensamiento habitual; en cambio, no lo será para la creatividad que depende del rompimiento de los esquemas establecidos, discontinuidad que permitirá percibir las cosas de manera diferente.

El instrumento fundamental para lograr la discontinuidad, aparte de sus otros efectos, es la palabra clave PO.

- La desconexión imprescindible en todo proceso innovador es frenada por la continuidad registrada en los circuitos y redes de los esquemas de memoria. El instrumento fundamental para lograr la discontinuidad, aparte de sus otros efectos, es la palabra clave *PO*.

- Todo este sistema hace que la mente resulte una *memoria infiel* pues modifica la información recibida mediante interacciones con lo acumulado en archivo, y sorprendentemente realiza un proceso de *computación eficiente*, pues procesa muy bien por interacción y selección. Es decir, la mente tiene capacidad para "deformar" la información que entra y para "dejar cosas fuera", procedimiento selectivo este último que constituye la más poderosa herramienta para manejar la información.

Por otra parte, la creatividad no está favorecida por la continuidad de los circuitos en las redes, pues para crear nuevas conexiones, es necesario salirse de los establecidos con más firmeza –recorridos asiduamente por el pensamiento lógico– discontinuidad que se logra formando nuevos trayectos, poco usados anteriormente.

Una analogía que plantea De Bono representa dos superficies diferentes de memoria: una toalla y una lámina de gelatina de igual tamaño con más o menos 1 cm de espesor. Agregamos gotas de agua coloreada caliente (tinta diluida) a una distancia original de cinco centímetros entre sí.

De Bono compara la mente con una capa de gelatina en la que ingresan gotas de líquido caliente.

La toalla absorberá cada gota y al agregar otras en los sitios ya ocupados sólo se conseguirá aumentar su diámetro. En cambio, la superficie de gelatina será excavada cada vez más hondo, pero el líquido caliente que rebalse formará canales, algunos de ellos de comunicación entre las excavaciones producidas en los sitios originales; de allí en adelante lo que ocurre al agregar más agua coloreada caliente en las marcas existentes dependerá de lo ya ocurrido.

Por lo tanto, podemos asimilar la toalla a una *memoria de perfecta fidelidad*; pues permite devolver la información exactamente como la recibió y a una *computadora nula* pues no establece relaciones, razones, ni interacción alguna, mientras que la lámina de gelatina es una *memoria infiel* pues modifica la información a medida que la recibe, pero constituye una *excelente computadora* porque procesa la información y le permite autooptimizarse sin depender generalmente de la superficie de memoria. Esta es similar, en algunos aspectos, a la mente humana.

Estos principios, postulados, ideas: analogías y modelos integran la teoría que fundamenta la diferencia entre el pensamiento vertical habitual, y el pensamiento lateral creativo.

Las técnicas del Penslat

Para un manejo correcto de dichas técnicas debemos fomentar determinadas actitudes:

Es importante estar alerta ante el peligro de las prisiones conceptuales.

Alerta ante el peligro de las prisiones conceptuales. Depender de un concepto como elemento de generación de una nueva idea puede ser motivo de fracaso.

Aceptación de la diversidad en las maneras de hacer las cosas y de la necesidad de buscarlas sin contentarse con la aparentemente mejor. Alejar los peligros de la soberbia (acerca de una idea particular).

Las técnicas del Penslat son:

a. Eliminación de las ideas dominantes: *escape* de la prisión que imponen.
b. Evitar la *función de rechazo* de ideas nuevas.

c. Introducir la función de discontinuidad: *provocando* ideas innovadoras.

Eliminar ideas dominantes

Reconocidas las ideas dominantes es necesario eliminarlas y así destrabar los procesos del pensamiento creativo. Esto se logra adoptando una actitud abierta de rechazo, lo que se puede apoyar con frases como:

- ¿Hay otra manera de enfrentar este hecho?
- Ensayemos otras ideas y después volvamos.
- ¿Estas son en realidad las únicas posibilidades?
- Olvidemos esa idea por el momento, supongamos que es un mito.
- Si no tuviéramos esta restricción, ¿qué se podría hacer?
- ¿Esta idea es realmente fundamental como todos creen?

El Penslat intenta impulsarnos hacia una *idea diferente y novedosa*. De lo contrario, seguiremos aceptando ideas antiguas como base.

Algunas técnicas que recomienda De Bono son:

- Preguntar ¿por qué?, sin provocación.
- Girar la atención considerando otras áreas y factores diferentes respecto de un aspecto determinado.
- Cambiar el punto de origen al problema; invertir la dirección del planteamiento.

- Cambiar los conceptos básicos, desarmándolos, fraccionándolos o eliminándolos.

Evitar la función de rechazo de ideas nuevas

Es mejor tener suficientes ideas aunque algunas de ellas estén equivocadas, que no equivocarse nunca por no tener ideas.

Aun consiguiendo eliminar las ideas dominantes, el ser humano debe vencer una gran barrera psicológica para aceptar ideas nuevas. De Bono propone la función de rechazo al pensamiento vertical, y culpa al sistema educativo de imponer exclusivamente ese tipo de pensamiento. "Es mejor tener suficientes ideas aunque algunas de ellas estén equivocadas, que no equivocarse nunca por no tener ideas. El terror bien educado a equivocarse genera la arrogante seguridad de estar en lo cierto".

Para eliminar el control del pensamiento vertical debemos evitar críticas y evaluaciones.

La función de rechazo del pensamiento vertical cuenta con la palabra NO como herramienta básica. Para eliminar el control del pensamiento vertical debemos evitar calificativos, críticas, evaluaciones y negaciones.

Las dos técnicas más aconsejables con ese fin son:

- Postergar toda posibilidad de evaluación.
- Aceptar la *intermediaria imposible*. Es decir una idea que no es usada por ella misma, pues puede estar equivocada, pero es el camino hacia una nueva idea útil.

La palabra que soluciona estas dificultades y resume todos los principios del **Penslat** es **PO**,

cuyo significado correspondería a algo semejante a: continúe cuando se ha expresado alguna
idea nueva, sin criticarla, sin calificarla ni enjui-
ciarla.

Introducir la función de discontinuidad

Una discontinuidad es una etapa o punto sin-
gular, que no resulta del desarrollo natural de un
proceso. Esto se visualiza en las representaciones gráficas (curvas), a veces presentan puntos
singulares debido a la aparición de uno o más
factores.

Introducir la función de discontinuidad tiene
como propósito generar nuevas ideas. De Bono
sugiere tres grandes grupos de técnicas:

- Cambio desde adentro.
- Cambio desde afuera.
- Discontinuidad deliberada.

"Al tratar de generar nuevas ideas la mayor
dificultad es empezar". Necesitamos un punto de
partida. Si desarrolláramos lo común, seguiría-
mos un camino convencional, por lo que debemos **cambiarlo desde adentro**, totalmente
de manera irracional, sea por *inversión, distorsión o exageración*.

El cambio desde adentro, se logra por inversión, distorsión o exageración.

Invertir es cambiar en todas las maneras que
correspondan a esta operación; recíproca $(1/x)$,
opuesta $(1 - x)$, observándolo desde atrás, etc. Un
ejemplo muy interesante es el de una persona que
sube por una escalera, cuyo opuesto es la escale-

ra que se moviliza con la persona (idea que generó la invención de la escalera automática, conocida por nosotros).

La *distorsión* consiste en modificar parte del enfoque común mediante la exageración extrema. *Exagerar* un problema de calidad llevaría a una posible exageración de los defectos hasta llegar a rediseñar el producto. Estas operaciones deben aplicarse una por vez para no crear confusiones. Este criterio se acostumbra mucho en el diseño de autos, artefactos, etc.

El **cambio desde afuera** puede realizarse por *exposición, fertilización cruzada y cambio de tema*. Es en realidad una búsqueda de discontinuidad en que el ser humano se expone a efectos externos (desconectados del problema) y al azar, que lo hacen sensibles a ideas que aparecen sin intención de encontrarlas, como puede ocurrir al presentar un aparato mecánico para producir este efecto frente a un problema de organización de la empresa.

La fertilización cruzada es otra manera de exponerse, en este caso por influencia de individuos que pertenecen a diferentes especialidades, o de otros sin conocimientos especializados. De Bono propone se tenga cuidado contra los posibles excesos, puesto que *la gente habla mucho y es posible desperdiciar tiempos prolongados, discutiendo todo con grupos y comisiones*.

Finalmente, es aconsejable producir una discontinuidad atacando un problema diferente.

A veces conviene llevar adelante dos problemas a la vez, uno con menor dedicación, lo cual evita la frustración de quedarse sin tarea cuando uno de los problemas se ha *atorado*. Esto es más fácil de realizar individualmente que en un grupo de investigación.

A veces conviene llevar adelante dos problemas a la vez, uno con menor dedicación.

Introducción deliberada de la discontinuidad. Dos importantes estimulantes son las *analogías y las palabras al azar*. Una analogía, para ser provechosa, debe poseer las siguientes características: *vívida* (con vida propia), *concreta* y *dinámica*.

En la técnica de palabras al azar es evidente la búsqueda deliberada del estímulo, a diferencia de las técnicas de exposición, donde se aguarda su aparición. La fuente más común y conveniente de palabras al azar es un diccionario, las palabras deben ser elegidas aleatoriamente.

La práctica diaria –durante pocos minutos– de cada una de estas técnicas es uno de los mejores estimulantes de la creatividad personal.

Las técnicas del Penslat, los diversos procedimientos para desarrollarlos, así como los elementos que intervienen en cada uno de ellos, se resumen a continuación en el siguiente mapa de conceptos:

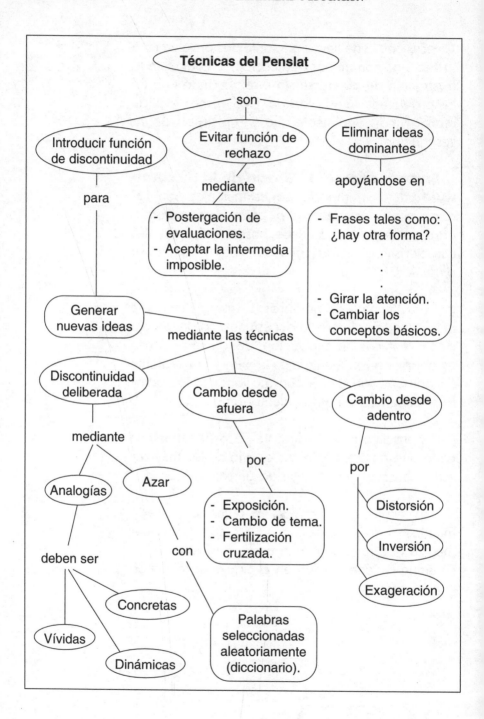

Entrenamiento en el Penslat

La creatividad no sólo es generar nuevas ideas, sino también propiciar un cambio en la capacidad de percepción de nuestro entorno, es decir ver las cosas de diferente manera. En este sentido se impone una capacitación en todos los niveles. Las etapas de dicho entrenamiento, con sus respectivas actitudes negativas o dañinas, son:

Etapas	Actitudes dañinas
Interés	Apatía
Comprensión	Entusiasmo utópico
Práctica	Soberbia "sabelotodo"
Habilidad	Resentimiento defensivo
Uso	Atrofia por desuso

La capacitación comprende los siguientes niveles:

Práctica inicial : lecturas, seminarios y cursos.

Práctica en grupo : sesiones específicas, talleres de ejercitación.

Práctica individual : uso deliberado y por reacción.

La lectura más o menos frecuente de bibliografía sobre creatividad, la participación activa en cursos y seminarios específicos deben ser continuadas por prácticas grupales (talleres) de unas treinta personas como máximo, con ejemplos de

Las acciones en grupo pueden ser estimulantes pero el pensamiento lateral es un asunto individual.

técnicas Penslat y discusión, y por la práctica
individual, pues "las situaciones de grupo pueden ser estimulantes pero fundamentalmente el
pensamiento lateral es un asunto individual". De
Bono aconseja el entrenamiento diario durante
periodos pequeños (4 a 5 minutos), teniendo cuidado de no frustrarse si se obtienen resultados
negativos.

Actividades de apoyo

* Edward de Bono en su libro *Curso de cinco
  días para pensar*, presenta el siguiente ejercicio: *Materiales*: cuatro botellas vacías; cuatro
  cuchillos, preferentemente de mango plano;
  un vaso mediano, casi lleno de agua.
  Procedimiento: coloque tres botellas paradas
  sobre la mesa, ubicadas en los vértices de un
  triángulo equilátero cuyos lados son algo más
  largos que cada cuchillo.
  Problema: construir una plataforma, usando
  los cuchillos, y colocarla sobre las bocas de las
  botellas, de tal manera que pueda sostener el
  vaso con agua (ningún cuchillo debe tocar la
  mesa).

* *Grupos de discusión*: formar grupos de tres o
  cuatro personas; buscar dos ejemplos prácticos de inventos logrados sobre la base del
  pensamiento lateral.

Reflexión: "Currículo y creatividad"

Trabajo presentado en el "Primer Seminario de Talleres Pedagógicos, el 24 de agosto de 1995 (Temuco), por los alumnos Alejandro Bluman y Verónica Guzmán, pertenecientes a la carrera de Pedagogía en Educación Diferencial, mención Trastornos del Aprendizaje.

Tomado del libro *Talleres Pedagógicos*, Gloria Inostroza de Celis, 1996.

Cuando entramos a la universidad el cambio fue muy grande. No lo decimos sólo por la estructura que allí se genera, ni por el mundo de "los adultos" que comenzamos a conformar, ni por la inminente responsabilidad de construir el futuro que nos apañará; lo decimos, principalmente, por la nueva forma de pensar que nos muestran, por un tal señor *Constructivismo* que gobierna invisible por todos –casi todos– los rincones; por un joven apuesto de apellido *Metacognición* que intenta seducirnos cueste lo que cueste.

El panorama es otro, la melodía que nos acompaña suena de otra manera. En un principio nos sentimos atormentadas (¿atormentadas?), confundidas (¿confundidas?). No nos entendemos, hablamos idiomas distintos. Es que venimos de una familia ortodoxa, nuestros padres no nos dejaban hablar hasta que ellos lo autorizaban. Las preguntas eran patrimonio de los inseguros. Los juegos, la espontaneidad y la creatividad, de los más pequeños. Al entrar al colegio, decían, cambiarán en bien de la sociedad. Los que no, no merecerán formar parte de ella.

Todo lo narrado, un poco extremista, ilustra el sistema educativo que nos orientó y guió, a sol y sombra, hasta la universidad.

Nuestra personalidad no se caracteriza por ser creativa, y no es nuestra culpa. Muy bien lo plantea Rogers (1980) cuando señala que: la escuela al reforzar un pensamiento conformista y estereotipado, no contribuye a desarrollar una personalidad creativa.

Y no sólo en la escuela, en la familia también; puesto que fue formada bajo esa corriente y, por lo tanto, es o fue seguidora de ella con sus hijos: nosotros.

Por esto, al ingresar a la universidad nuestras pocas neuronas entraron en pugna. Nos pedían crear (¡¿crear?!), preguntar (¡¿preguntar?!), inventar (¡¿inventar?!). Nuestro comité de la moral y las buenas costumbres interno, corrió a buscar en sus enciclopedias de leyes si podíamos responder a esas extrañas interrogantes transgresoras. Todas vivimos –algunas más, otras menos– el temor, pánico, vergüenza, etc., etc. de hablar, de contar lo que sentíamos o creíamos verdadero en pos de esa rara metodología que valoraba nuestra (¡NUESTRA!) opinión. Al principio nos costó. No fue fácil. Hicieron falta muchas rupturas epistemológicas para que lográramos adaptarnos y abrirnos a nuestra mitad negada o frustrada que hoy tanto nos pedían y que era necesario que exteriorizáramos para comenzar a ser y a ver.

Lo que sucede es que está todo tan impregna-
do en nuestra historia que hasta los genes llevan
esa información. Los conocimientos, los valores,
todo se nos daba acabado junto con un solemne
poema titulado: "Obstáculos a la creatividad":

Las presiones conformistas,
las actitudes autoritarias,
la tendencia a ridiculizar,
la rigidez de la personalidad de los
educadores,
la sobrevaloración de las recompensas,
la excesiva exigencia de verdad y de
preocupación por el éxito,
la hostilidad contra la personalidad distinta,
"la intolerancia a la actitud de juego".

Lindo ¿no?

No queremos criticar, porque criticar es juzgar. Y no nos creemos con el derecho a hacerlo.

Todo el sistema educativo estaba —está— basado en un currículo que tiene como fuente de objetivos a las destrezas académicas. Ellas son el
reflejo de un momento histórico, de una necesidad social (de los que están en el poder) que no
requiere de la creatividad, ni de la espontaneidad,
ni de la exploración, ni del descubrimiento, ni
de la integridad del ser. Era así y satisfacía las
expectativas de la época. Todos lo seguían y obe-
decían. Era lo mejor para el desarrollo de la sociedad.

Pero los tiempos han cambiado, los intereses y
las necesidades, también. La mentalidad de los
individuos y sus sentimientos aclaman otra cosa.

Gritan otros gritos y lloran otras lágrimas. El currículo de las destrezas no llena el espíritu. Está obsoleto.

Esto nos muestran en la universidad. Nos muestran la necesidad de cambio y que está en los estudiantes poder llevarlo a cabo. Y es la creatividad nuestra mejor aliada sólo que no pudimos darle vida "en el sistema coercitivo que sólo acepta lo establecido, que no se cuestiona a sí mismo, que es renuente al cambio y mira con desconfianza lo divergente".

Pero pese a todo, bajo este nuevo clima intelectual y emocional, de nuestro interior surge con mucha fuerza una onda expansiva (actitud) que nos contagia y nos lleva a entender y a desear aprender a ser creativas para poder enseñarlo a nuestros hijos y alumnos, dando nacimiento así a una nueva generación.

Nosotras, como futuras educadoras "creativas" —porque estamos siendo formadas en la creatividad— necesitamos mucho más que "actitud". Necesitamos vivir una vida que respete la individualidad del niño. Necesitamos reconocer que la base de la educación radica en las emociones.

La emoción es pilar fundamental en la existencia humana. Nos hacen vivir o morir. Y si hacemos una traspolación hacia la educación sucede lo mismo: nos educan libres en pensamiento y acción, o esclavas del rendimiento, del éxito y del orden.

Titulamos este escrito "Currículo y creatividad". Son dos palabras que han pegado fuerte en nuestras estructuras y que se han hecho constantes en nuestro vocabulario hasta el punto de sentirlas imprescindibles para entenderlo todo. Cuando decimos todo, dejamos explícita la reflexión hacia nosotras mismas, hacia usted, hacia ellos, hacia el sistema en general, hacia los maestros y alumnos que investigamos en las etnografías, y por qué no decirlo, hacia el sentido de la vida misma.

Sabemos que el currículo organiza y planifica los conocimientos requeridos por el ser humano obedeciendo a la sociedad en la cual se da. "Es el conjunto total de estímulos que utiliza la escuela, dentro o fuera de sus aulas, para orientar a los alumnos hacia cambios estructurales de sus modos de pensar, valorar y actuar, de acuerdo a objetivos que expresan las aspiraciones comunes de la sociedad en que ellos viven".

El currículo asegura la permanencia y crecimiento de la sociedad y ofrece al individuo oportunidades de desarrollo personal. ¡Claro que estas oportunidades varían según dónde se paren los hacedores del currículum! ¡Y dónde lo hagan también sus jefes! De la división de ellos, de las ideologías que los cobijen, surgirá la importancia que se dé a la creatividad y a la autorrealización de la persona.

Las escuelas están invadidas por modelos racionalistas "que ponen mayor énfasis en el cumplimiento de reglas y normas, en la confección de horarios, en la elaboración de detalladas planificaciones, en el hábito de reuniones tediosas y normativas y en el permanente ambiente de temor y castigo que las caracterizan".

Estos modelos racionalistas, también se caracterizan por honrar al hemisferio izquierdo del cerebro. Allí habitan lo lógico, lo secuencial, lo racional, lo analítico, lo lineal, lo verbal, que son atributos deseables; dejando de lado por completo al hemisferio derecho que aloja a lo intuitivo, lo metafórico, lo integrativo, lo imaginativo, atributos menos deseables –¡indeseables!

Los sistemas educacionales actuales producen estudiantes unidimensionales, como consecuencia de ello, existe "una declinación de la capacidad para solucionar creativamente problemas de trabajo y de vida, social e individual".

Como vemos, la educación actual rinde homenaje a ideologías como la eficiencia social y el racionalismo académico; valga la redundancia, desechando todo lo que tenga que ver con creatividad y realización personal.

En algún momento dijimos que no somos seres creativos. Que nos bloquearon. Veamos entonces, los causantes de nuestros bloqueos:

El miedo a fracasar, que nos hace echarnos atrás; no correr riesgos y evitar vergüenza del proceso.
Miopía ante los recursos, con lo que perdemos las ocasiones de solución que nos ofrece el ambiente.
El exceso de certeza que nos amarra a una sola línea de acción.
La costumbre, que nos ata excesivamente al pasado, la conformidad y la imitación.
El miedo a lo desconocido, que nos hace perder la posibilidad de incursionar en lo nuevo, lo incierto.
La falta de integración, producto de nuestra rigidez, inflexibilidad, polaridad.

El embotamiento de la sensibilidad, que lleva a que nuestros sentimientos sean inadecuadamente usados, dejándonos atados al verbalismo y a lo conceptual.

Ahora bien, cuando dejemos de culpar al sistema y seamos capaces de destruir esas cadenas que encierran nuestra expresión, los procesos creativos tomarán forma y lo invadirán todo.

Pero para que haya creatividad, no basta solamente con el factor interno, es imprescindible el encuentro entre MI ser y el mundo. Y es entonces cuando nos decidimos a bucear en el interior y sacar a flote a nuestras fuerzas y potencialidades. Este proceso requiere y exige la expresividad para enriquecernos y enriquecer al entorno y dejar de ser unidimensionales.

"La creatividad es como una vela interna: si no se enciende no se ve nada afuera".

Para que esto no sea una utopía, el currículo debe ayudarnos a transformar la escuela, para que la búsqueda de la integridad esté llena de facilitadores y no de obstáculos y déspotas (si aquél no lo hace, empecemos igual).

Nos preguntamos ¿por qué tuvimos que llegar a la universidad para desarrollarnos en un ambiente que nos respete y nos aliente a crecer y creer en nosotras? ¿Por qué esto no empezó antes? O mejor dicho, ¿por qué se interrumpió cuando ingresamos al sistema educativo formal, en básica y en media? ¿Por qué esta metacognición es patrimonio de las carreras de educación?

¿Qué sucede en las mentes de los estudiantes de informática, derecho, ingeniería, etc.? ¿Tienen idea de todo esto?

Creo que somos privilegiadas. Nuestros horizontes se amplían y eso no se debe a la malla curricular. Se debe a los profesores –la mayoría– que nos están formando. Ustedes son los responsables de nuestra reflexión, porque reflexionan con nosotras.

Ustedes son los "culpables" de nuestro crecimiento, porque crecimos juntos de la mano. Ustedes nos hacen sufrir y darnos la cabeza contra la pared, porque vemos que hay mucho por hacer pero tenemos el consuelo y el ejemplo de lo que están haciendo con nosotras, que creíamos que doce años de instrucción serían imborrables.

No queremos inflar más sus egos, pero realmente sus nombres estarán escritos en nuestras páginas, y sus metodologías, tal vez, serán también las nuestras.

Añoramos educar en la creatividad: con variedad, armonía, sencillez, autenticidad, asombro, originalidad y podremos hacerlo, porque lo vivimos –o al menos lo intentamos.

Conocemos cuáles son las necesidades de los niños.
Sabemos qué los niega o qué les hace daño.
Tenemos la teoría y tenemos la práctica.
No tenemos excusas para privarlos de una educación integral.

Te invito a que permitas a cada cual ser cada

cual. Deja la flor en su raíz y la flor te dará flores. Deja al animal en la pradera y el animal te dará vida.

Permite a cada hombre escribir su historia y el camino que siembras te llenará de satisfacciones.

Permite que cada ser que está a tu lado grite su verdad, sin juzgarlo. Así podrás gritar la tuya sin temor, porque ambos se habrán respetado.

Bibliografía

* Bergan, John R. y Dunn, James A. *Biblioteca de Psicología de la Educación*. Limusa. México, 1993.

* Chadwick, Mariana y Tarky, Isabel. *Juegos de Razonamiento Lógico*. Andrés Bello. Santiago de Chile, 1996.

* De la Torre, Saturnino. *Creatividad Aplicada*. Escuela Española. Madrid, 1996.

* Guerrero, Ariel H. *Curso de Creatividad*. El Ateneo. Buenos Aires, 1992.

* Martínez Beltrán, José María. *Enseño a pensar*. Bruño. Madrid, 1995.

* Nieto Gil, Jesús María. *Cómo Enseñar a Pensar*. Escuela Española. Madrid, 1997.

* Rodríguez Estrada, Mauro. *Manual de Creatividad*. Trillas. México, 1987.

* Rodríguez Estrada, Mauro. *Creatividad en la Educación Escolar.* Trillas. México, 1997.

* Sánchez Iniesta, Tomás. *La Construcción del Aprendizaje en el Aula.* Magisterio del Río de la Plata. Buenos Aires, 1995.

* Savater, Fernando. *El Valor de Educar.* Ariel. Barcelona, 1997.

* Sefchovich, Galia. *Creatividad para Adultos.* Trillas. México, 1993.

* Sefchovich, Galia y Waisburd, Gilda. *Hacia una Pedagogía de la Creatividad.* Trillas. México, 1985.

* Torrance, E. Paul y Myers, R. E. *La Enseñanza Creativa.* Santillana. Madrid, 1986.

* Yuste, Carlos. *Razonamiento Lógico.* Colección Progresint. Madrid, 1997.

* Yuste, Carlos. *Atención Selectiva.* Colección Progresint. Madrid, 1997.

* Yuste, Carlos y Díez Bugallo, Dolores. *Pensamiento Creativo.* Colección Progresint. Madrid, 1996.

* Informe de la UNESCO. *La Educación Encierra un Tesoro.* Ediciones UNESCO.

C65/E1/04
Esta edición se terminó de imprimir en junio de 2004. Publicada
por ALFAOMEGA GRUPO EDITOR, S.A. de C.V. Apartado
Postal 73-267, 03311, México, D.F. La impresión se realizó en
IMPRESOS NAUCALPAN, S.A. de C.V. Calle San Andrés Atoto
No. 12, Naucalpan, Edo. de México.